저버린 약속

문재인 대통령에게 보낸 편지

> 수많은 개혁과제 중
> 하나만 택하라고 하면
> 나는 언론개혁을 택할 것이다.
> 문재인 정권의 가장
> 안타까운 대목은 적폐언론과
> 싸우지 않았다는 것이다.

글 이석삼

고려글방

블러그 : https://blog.naver.com/simheon6091
페이스북 : facebook.com/people/이석삼/100046861230275/
후원계좌 : 이석삼 (우체국 104604-02-413641)
기획 : 이혜정

저버린 약속

초판1쇄 2021년 11월 15일
초판2쇄 2021년 11월 30일
지은이 이석삼
펴낸곳 도서출판 고려글방
주소 서울시 종로구 대학로19(연지동) 한국기독교회관 305호
전화 02-747-7708 / **팩스** 02-764-9004
이메일 moobooll@daum.net
등록 1992년 6월 15일 제 300-2015-165호

ISBN 978-89-87627-39-7 03810
가격 13,000원

잘못된 책은 교환해 드립니다.

저버린 약속

이석삼 지음

작가의 말

인천시 연수구 옥련동 '적폐' 이 길 여 집 앞.

오늘따라 금방이라도 비가 한줄기 퍼부을 듯 날이 유난스럽게 흐리다. 내 투쟁의 앞길도 오늘 날씨만큼 흐릴 것인가. 아니면 '불법, 불의, 뇌물' '적폐'로 대변되는 이길여를 응징해 '정의가 이긴다'는 것을 입증하고 맑고 밝은 새날을 볼 것인가.

애초부터 나는 적폐와의 싸움 자체, 즉 싸움의 과정을 중요시했다. 말하자면 나쁜 놈에게 나쁘다고도 말하지 못하는 이 사회 민중을 대변이라도 하듯, 비록 사회적 약자 상대적 약자의 위치라 할지라도 정의가 이긴다는 선례를 남기고 싶었다.

지금으로부터 꼭 10년 전인 2011년 세상에 나온 〈기자님 기자새끼〉가 '지방언론이 개혁되지 않으면 나라가 망한다'는 나의 소신이 묻어나는 책이라면, 이번에 낸 〈저버린 약속〉은 신문사에서 해고된 이후 나의 투쟁과정과 결과, 즉 4~5건의 고소 고발과 법정 싸움에서 모두 승리한 것을 소상히 밝힘으로 불의 불법한 거대 적폐세력과 힘겹게 싸우고 있는 노동자 등 이 땅의 억눌린 민중들에게 희망을 주기 위함이고, 또 후손들에게 공정하고 공평한 세상을 물려주는데 조금이라도 기여하고자 쓴 책이다.

노동자 탄압으로 대표되는 삼성 이재용 등 재벌총수를 감옥에 가두면 나라가 망한다고 생각하는 수구 적폐와 부패 기득권, 또는 그들의 추종자들. 국가보안법 철폐와 미군철수를 하면 나라가 공산화돼 결국은 나라가 없어진다고 여기는 사람들. 전교조를 합법화하면 학생들을 전부 '빨갱이 정신'으로 물들인다고 생각하는 사람들. 광화문에서 대낮에 '문죄인 사형', '탄핵무효', '체포영장 문죄인'이라고 쓴 피켓을 들고 활보하도록 방치하고 있는데도 문재인이 독재를 하고 있다고 외치는 친일 극우 적폐세력들. 이러한 현실은 국가 기강의 문제이고, 법치의 문제이고, 대통령이 취임 이후 임기 내내 적폐청산을 하겠다고 한 약속 실행의 문제이다.

과연 문재인 대통령은 이러한 약속을 지켰는가. 내가 보기엔 문재인 대통령은 '세월호' 등 '촛불'시민에게 한 약속 중 지킨 약속 보다 지키지 않은 약속이 훨씬 더 많은 거 같다.

지금 나에게 수많은 개혁과제 중 단 하나만을 택하라면, 나는 당연히 언론개혁을 택할 것이 다. 이 책에서 가장 비중을 두고 언급했듯이 민족반역, 일제 부역, 독재 아부 기조를 지난 100년 동안 일관되게 유지해 온 조선일보, 동아일보, 중앙일보는 허위. 조작. 날조 기사로 국민 영혼마저 병들게 하고 있다. 이중 특히 조선일보는 올 상반기 유료부수를 조작해 국가 보조금을 과다하게 타 먹고, 국가는 물론 일반기업 광고주로부터도 과다책정된 광고비를 부당하게 받았다. 그런데도 문재인 대통령은 조선일보 등 유료부수를 조작해 천문학적인 부당이득을 챙긴 언론사에 대해 세무조사 지시조차 하지 않았다.

문재인 대통령은 검찰개혁과 함께 언론개혁을 부르짖는 촛불 시민의 불타는 요구를 외면했다. 우선, 문재인 대통령은 취임 초 적폐 언론과 목숨 걸고 싸울 사람들을 언론 관련 관계부처 전면에 내세우지 않았다. 그 결과 대통령 임기가 다 되도록 방송법, 신문법, 언론중재위원회 법 등 어느 것 하나 속 시원하게 해결된 게 없어 부패 언론, 수구 적폐 언론이 대통령 선거에 개입, 미쳐 날뛰고 있다.

특히, 최근 가장 큰 이슈 중 하나인 언론중재법과 관련해서 문재인 대통령과 청와대 출신 국회의원들이 임기 말 대통령의 지지율 하락을 우려해 이 법의 통과를 재고해야 한다고 모종의 압력(?)을 행사했다는 대목에서는 실망을 넘어 '비겁하다'는 말을 숨길 수 없다. 이는 그야말로 '촛불'을 배반하고 임기말 자기들만 평안을 누리겠다는 게 아니고 무엇인가. 대통령과 정부의 개혁 의지가 느슨한 틈을 타 전국의 부패 기득권 세력은 지금도 발호하고 있다.

취임 후 4년여가 지나 종착역을 눈앞에 둔 지금 대통령과 정부는 무엇을 했는가?. 우리 '조중동폐간을위한무기한시민실천단'이 적폐

언론 화형식을 하고, 조선일보 현판에 폭탄을 던지는 심정으로 계란을 던질 때 개혁을 표방한 이 정부는 무엇을 했는가?. 내가 지역 최대적폐 이길여와 외롭게 싸울 때 대통령과 정부는 토착 비리 지역 적폐 청산을 위해 무엇을 했는가?

 지방자치는 지금 토착 비리와 얼키고 설킨 지방자치단체장의 불법, 부당, 전횡과 직권남용으로 최대 위기를 맞고 있다. 개발 지상주위에 편승한 지자체장과 업자들의 야합으로 무수한 역사적 문화적 자산이 도륙당하고 있다. 그런데 정부의 제재는 없다. 지방자치제의 개선이 필요하다는 얘기다. 이 또한 문재인정부가 손봤어야 하는 과제였다.

 미국 눈치 보느라 언급하지 못하는 국가보안법 철폐와 미군철수는 차치하더라도 지금도 눈물이 그치지 않고 있는 '세월호',1천만 비정규직 노동자, 개성공단, 금강산 관광, 천안함 등등. 세나가 대통령의 저버린 약속으로 사회적 약자 상대적 약자의 가슴마다 응어리진 그 한을 어찌할 것인가?.

 행여 4기 민주 정부에 큰 부담으로 남지 않을까 우려된다.

 내가 해고되고 복직된 후 언론개혁에 투신하기 위해 내 발로 걸어 나와 길고 긴 세월 홀로 싸울 때 물심양면으로 기꺼이 도움을 준 수많은 동지와 선. 후배, 특히 10년 전이나 지금이나 여전히 사주나 경영인으로부터 착취당하고 있는 열악한 환경의 언론노동자들에게 용기와 희망이 되는 글이 되길 바란다.

  끝으로 이 책이 나오도록 도와준 김성호 형, 인천참언론시민연합과 조중동폐간을위한무기한시민실천단 동지들, 평화협정운동본부 동지들, 이책을 기획하고 원고를 정리한 이혜정 실장, 10년 전에 이어 이번에도 기꺼이 나의 책을 내주신 도서출판 고려글방 박점동 사장님과 임직원들에게 한없는 감사와 경의를 드린다.

2021년 10월

이석삼

차례 · CONTENTS

1부　존경하는 문재인, 비겁한 문재인　12

문재인 대통령에게 보낸 편지 | 15
정의감 없는 정치인 시민단체 언론인 | 27
과연 검찰 개혁이 모든 개혁의 마지막인가! | 37
불의에 저항하라 | 45
아! 대한민국 부패의 상징 세월호 | 53

2부　언론, 개혁만이 살길이다　64

조선, 중앙, 동아 폐간을 위한 무기한 시민실천단 | 67
〈기자님 기자새끼〉 피소와 재판승소 | 81
2번의 대기 발령과 해고, 그리고 부당해고 판결 | 89
"뭘 각성해?" | 96
왜 지방언론 개혁인가? | 115

CONTENTS

3부 지방언론사 회장 '적폐' 이길여와의 싸움   124

나는 왜 이길여와 싸우고 그를 고소, 고발했는가 | 127
40일간의 노숙농성 | 135
송광석, 운명 같은 그와 만남과 이별 | 147
인천시 연수구 옥련동 이길여 자택 앞 시위 30여 개월 | 152
이길여의 노조탄압 | 161

4부 투쟁과정에서 접한 정부기관   170

노동법과 노동위원회 | 173
탈세 제보 결과와 국세청, 그리고 검찰 고발과 법정구속 | 180
공정거래위원회 신고와 그 결과 | 187

CONTENTS

5부 　부패한 한국교회, 이 나라의 역사를 막다　　204

한국교회, 역사와 민족 앞에 사죄가 먼저다 | 207
하나님이 하셨습니다 | 214

1부

존경하는 문재인

비겁한 문재인

노무현의 가치를 최고의 가치로 존중하는
저자가 '대깨문'에게 돌 맞을 각오로 쓴 글.

문재인 대통령에게 보낸 편지
정의감 없는 정치인 시민단체 언론인
과연 검찰 개혁이 모든 개혁의 마지막인가!
불의에 저항하라
아! 대한민국 부패의 상징 세월호

문재인 대통령에게 보낸 편지
(다시 촛불에 묻고, 촛불에 답하라)

　2016년 늦가을 단풍 대신 광화문을 붉게 물들였던 촛불 집회. 이 나라 수십 년 적폐의 상징 박근혜 정권을 무너뜨린 그 촛불 집회를 우리는 '촛불혁명'이라 칭한다.

　그렇다면 그 촛불 혁명으로 탄생한 문재인 정권은 혁명에 부합하는 개혁, 즉 적폐청산을 얼마나 했는가. 아니 적폐와 얼마나 처절하게 싸웠는가.

　국가보안법 철폐, 전작권 환수, 개성공단과 금강산관광 재개, 방위비 문제, 세월호 문제, 천안함 진실규명 등 문재인 대통령이 직간접적으로 언급하거나 약속했던 풀어야 할 과제 중 속 시원하게 해결된 게 있는가.

　나는 문재인 대통령이 취임한 뒤, 대통령에게 여러 차례에 걸쳐 편지를 썼다.

　물론, 청와대 민정수석실로 보냈기 때문에 그 편지가 대통령에게 전달됐는지는 확인할 바가 없다. 청와대가 그때부터 인의 장막을 치고 편지를 전달 안 했을 수도 있으나, 문재인 정부가 출범하기 오

> 문재인 대통령은 2012년 대선을 앞두고 "국가보안법은 폐지돼야 한다"고 말했다. 그러나 2017년 대통령이 되고, 임기가 끝나가는 시점에 이르기까지 국가보안법 폐지에 대한 언급이 없다. 독립운동을 탄압하기 위해 만들어진 일제의 치안유지법과 미제하에서 지금의 국가보안법은 무엇이 다른가. 독재정권하에서 수많은 국민과 민주화 인사를 탄압하는데 사용된, 사상과 표현의 자유를 억압한 '악랄한 법' 국가보안법에 대해 왜 묵묵부답인가.

래전부터 적폐세력과 처절하게 싸운 나로서는 이 문재인 정부가 성공하기 바라는 마음에서 편지를 보낸 것이고, 지금도 그 마음에는 변함이 없다.

여러 차례에 걸쳐 문재인 대통령에게 보낸 편지의 내용은 다음과 같다.

"저는 '촛불 혁명'으로 탄생한 문재인 정부의 구성원들은 권력을 누리는 것이 아니라 70년 100년 이 땅을 지배하면서 민중의 고혈을 빨아 배를 불린 친일적폐, 기득권 부패, 적폐세력들이 망쳐놓은 나라를 바로잡기 위해 적폐세력들과 끊임없이 싸워서 후손들에게 공정하고 공평한 세상을 물려주라는 과제를 준 것이라고 생각합니다."

"지금 나라를 망친 세력들이 국민을 오도하고 가짜뉴스를 양산하는 등 발호하는 것은 소위 민주세력들이 그들과 타협하고 그들에게 틈을 주고, 어쭙잖은 중도를 표방한 결과라고 봅니다. 실례로, 그들이 5.18 망언을 할 때, 국민이 선출한 대통령을 온갖 조롱과 욕설로 폄훼할 때 그 수많은 민주당의 정치인들 논평한 줄 내고 말았습니다."

"조국 장관 임명 이후 언론의 행태를 본 국민들은 하나같이 언론개혁을 부르짖었습니다. 언론개혁도 완벽하진 않겠지만, 우선 있는 법만 가지고도 얼마든지 개혁하고 민주석으로 동세할 수 있는데, 단지 각 부처에 기득권 세력들이 안 하거나 못하고 있을 뿐입니다. 예를 들어 언론중재위원회, ABC 협회, 방송통신위원회, 지역신문발전기금 운영위원회 등은 국가의 막대한 세금을 들여 운영하는 기관인데도 언론에 대한 민주적 감시 감독을 전혀 안 하거나 못하고 있다고 봅니다."

나는 또 이 편지에서 '제2의 박근혜'라고까지 지방언론에서 칭하는 '적폐' 이길여를 고발했다고 밝히고, 처벌해 달라고 강력하게 요청했으나, 이렇다 할 처벌을 받지 않고 있다('적폐' 이길여에 대해서는 다른 장에서 상세하게 언급한 만큼 생략하려 한다).

그러나 이 글을 쓰는 시점, 문재인 대통령의 임기가 4년을 지나는 시점에서 문재인 대통령과 그 주변 권력자들은 이 땅을 아직도 휘어 감고 쥐락펴락하는 적폐세력들과 얼마나 싸웠으며, 그들을 얼마나 제압했는가. 한심한 생각마저 드는 것이 엄연한 사실이다.

나는 문재인 대통령이 세상에 그 모습을 드러냈을 때부터, 내가 사랑하는 노무현의 '영원한 친구'로 알려진 그때부터 임기 4년이 되도록 레임덕을 겪지 않고 지지율 40%를 웃도는 지금까지 '인간 문재인'을 존경한다.

특히, 국민은 대통령에게 "당신이 하고 싶은 대로 소신껏 다 해 보라"며 선거 때마다 전폭적인 지지를 보냈다. 그 결과 지난 총선에서는 헌법 말고는 모든 것을 바꿀 수 있는 국회의석까지 확보해줬다. 그러나 배가 불러도 너무 부른 것일까. 하라는 개혁은 안 하고, 하라는 적폐와의 피 터지는 싸움은 안 하고 엉뚱한 전직 대통령 사면 얘기를 꺼내고, 조국 전장관을 지키지 못한 사람들이 오히려 '조국 사태'에 대해 사과하는 정신 나간 행태마저 보였다. 거기에 범법자 삼성 이재용 가석방에 이르면 어안이 벙벙할 따름이다. 아니 공정과 공평이 물 건너간 것은 물론 국정농단 세력과 뭐가 어떻게 다른지조차 구분을 할 수 없다.

힘있는 여당인지 힘없는 야당인지 구분 안갈 지경이다.

19대 대통령 선거 당시 문재인 후보는 언론 독립성 보장을 위한 공영방송 지배구조 개선, 보도. 제작. 편성과 경영 분리, 방송 광고 판매제도 재정비를 통한 방송의 자본 독립, 지역방송 지원예산 현실화 등 언론 공공성 및 다양성 강화를 공약했다.

또 문재인 후보는 2017년 4월 24일 언론노조와 맺은 '언론 적폐청산과 미디어 다양성 강화를 위한 정책협약서'에서 공영방송 독립성 강화, 민영방송 공적 책임 강화, 미디어 다양성 보장을 위한 공적 기금 신설 등을 주요 정책 과제로 제시한 바 있다.

그러나 임기 4년 차에 접어든 현재 정부와 여당의 언론 정책은 가짜뉴스 대응과 징벌적 손해배상에 국한된다. 이에 대한 실행 여부

민주당 김승원 의원 등이 조선일보의 유료부수 조작과 관련 고발했을 때는 자성의 목소리조차 내지 않던 현업 언론 단체들이, 김승원 의원이 제안한 언론중재법 개정안에는 극렬반발하고 있다. 이에 따라, 우리 '조중동폐간을위한무기한시민실천단'은 언론중재법 개정에 나선 국회의원들에게는 격려를, 언론 단체에는 경고하는 성명서 발표와 시위를 벌였다.

도 불투명하기는 마찬가지이다. 이를 두고 언론 단체에서는 "문재인 정부가 이행한 언론개혁 정책이 전무하다"고 비판한다. 있는 법만 가지고도 일정 부분의 언론개혁이 가능하다는 나의 지론과 일치하는 부분이다.

'천안함 사건'은 북의 소행이냐 아니냐를 떠나 역사적 진실을 밝히기 위해서도 문재인 대통령과 민주당이 반드시 짚고 넘어가야 할 중대사안이다. 그러나 문재인 대통령은 이에 대해 집권 이후 진실을 밝히려는 노력은 물론 입장표명조차 없다.

나는 '천안함 사건'에 대한 '공부'가 많지 않은 것은 사실이나 이 사건이 북한의 소행이라면 당시 경계 책임 선상에 있던 군 지휘부는 모두 목이 달아났어야 하는 사건임에도 이명박은 대부분 지휘부에 상을 줬다. 웃기는 일이다. 그렇다고 천안함 장병들의 고귀한 희생을 나뿐 아니라 전 국민이 절대 헛되게 보는 것은 아닐 것이다.

문재인 대통령이 2015년 당 대표 시절 수구 적폐들의 끈질긴 유도성 질문에 대해, 보수진영의 문대표에 대한 '친북논란'을 벗어나기 위해 천안함 사건이 "북한의 소행"이라고 어정쩡 하게 답했던 '빚'을 갚기 위해서라도 분명히 짚고 넘어가야 한다.

이석기와 국가보안법 문제는 어떻게 할 것인가.

나는 이석기의 사상, 당시 이석기가 몸담고 있던 당의 정책이나 정체성을 알지 못한다. 그러나 이석기 구속과 그 정당 해산은 박근혜 대선후보 당시 이정희 후보가 박근혜를 공격한 것과 무관하지 않다는 것이 중론이다. 그리고 당시 문재인 대통령이 몸담고 있던 당에서 그 정당과 이석기 구속을 보며 적극적으로 투쟁하지 않은 것 또한 분명한 사실이다. 이는 보수층의 대북프레임 덧씌우기를 우려했기 때문이라는 것도 충분히 추론이 가능한 사안이다. 그러기 때문에 역사를 바로잡고 진실을 규명하기 위해 짚고 넘어가야 하며, 이에 따라 이석기 사면을 고려해야 하는데도 안타깝게도 입장 표명이 없다.

국가보안법 폐지는 문재인 대통령의 숙원이다.

문 대통령은 2012년 대선을 앞두고 낸 저서 〈문재인의 운명〉에서 "(참여정부 당시) 민정수석 두 번 하면서 끝내 못한 일, 그래서 아쉬움으로 남는 게 몇 가지 있다. 공수처 설치 불발과 국가보안법을 폐지하지 못한 일도 그렇다"고 말했다.

특히 문 대통령은 국가보안법이 "더 뼈아팠던 것"이라고 회고하면서 국가보안법을 폐지하지 못한 데 대한 아쉬움을 크게 느러냈다. '적폐청산'을 앞세워 탄생한 문재인 정부에게 남은 것은 국가보안법 폐지다.

문 대통령도 과거 "폐지해야 한다" 촉구했다.

국가보안법은 오래전부터 악법으로 꼽혔다. 국가보안법 제1조 제1항은 "이 법은 국가의 안전을 위태롭게 하는 반국가활동을 규제함으로써 국가의 안전과 국민의 생존 및 자유를 확보함을 목적으로 한다"고 정하고 있다. 지금까지 국가보안법은 존속하고 있다. 군사

국가보안법철폐
수요서명선전전

점령군 미군철수! 평화협정체결!
국가보안법 철폐!
자주통일조국건설하자! 투쟁!

국가보안법 철폐 투쟁은 청와대, 광화문 미 대사관뿐 아니라 전국에서 수많은 국민이 동참하고 있다. 나는 매주 수요일 인천 동암역에서 펼쳐지는 국가보안법 철폐와 미군철수 투쟁에도 힘을 보태려 한다. 수요일은 이용수 동지가 국가보안법 철폐와 미군철수 투쟁을 하고, 특히 토요일은 강건일 선배가 장준하 선생 의문사 규명과 조. 중. 동 폐간 등의 투쟁을 하길 10여 년 이어오고 있다.

독재 정권하에 개정되면서 오히려 사상과 표현의 자유를 일상적으로 더 억압하게 됐다고 해도 과언이 아니다. 정권은 국가보안법으로 정치적 반대자를 탄압했고, 국민들은 스스로 표현을 검열했다. 대통령이 '북한의 비핵화 의지가 확고하다'는 등의 발언을 했다는 이유로 국가보안법 위반 혐의로 고발되고 있다.

이렇다 보니 국내뿐만 아니라 국제사회에서도 국가보안법 폐지를 거듭 요구할 정도다.

대통령도 2012년 대선을 앞두고 "국가보안법은 폐지돼야 한다"고 말한 바 있다.

그러나 대통령이 되고 4년이 지난 지금도 문재인 대통령은 국가보안법 폐지에 대해 말이 없다.

'세월호 진상규명'에 대해서는 다른 장에서 말하겠지만, 문재인 대통령이 수차례에 걸쳐 약속한 바 있으나 참사 7주기, 대통령 취임 4주년이 되도록 그 약속을 지키지 못해, 급기야 "대통령이 책임져라"는 피켓을 들고 청와대 분수대 등에서 시위를 벌이게 하고 있다. 문재인 대통령을 만들어 준 세월호 원혼이 이제는 대통령을 원망하는 형국이다.

문재인 정부 들어 개각 때마다 등용되는 사람들을 보면, 관료 출신을 제외하곤 대부분 김대중 노무현 문재인 사람들이다. 그 사람들을 쓰는 게 잘못이라는 게 아니다.

왜 미국과 당당히 맞서 싸울 수 있는 사람, 친일적폐와 목숨 걸고 싸울 사람들을 전면에 내세우지 않는 것인가. 언론개혁을 말하면서

조선일보 동아일보의 가장 큰 죄악은 그 역사 자체가 친일 반민족 반통일 인데 다, 지금까지도 가짜뉴스 허위 조작뉴스로 국민을 오도하는 것이다. 그런데도 이들 언론에 대한 법적제재와 민주적 통제, 즉 처벌은 이루어지지 않고 있다. 이는 공정의 문제이기도 하지만 대한민국 법의 권위의 문제이기도 하다. 법이 제대로 작동하는 사회라면 이들 적폐 언론은 진작 문을 닫았어야 한다.

언론 적폐와 맞설 수 있는 사람을, 언론개혁을 위해 묵묵히 싸워나갈 수 있는 사람들을 언론 관계 기관에 왜 과감히 등용 안 하는가.

그 결과 지금도 적폐 언론은 여전히 유료부수를 조작해 국가 보조금을 도적질하고 있으며, 가짜뉴스로 국민을 오도하고 있다.

이는 대통령이 비겁하거나 대통령의 사람들이 촛불 명령을 거스르고 직무유기하는 것이 아닌가.

나라다운 나라를 만들려면, 적폐청산을 한다고 하면, 절대 양보할 수도 없고 해서도 안 되는 일이 있다.

불의, 불법이라고 판단이 되면 그 누구에게도 가혹하고 냉정해야 하지만, 같은 진영 사람들에 대해서는 더 높은 도덕적 잣대를 들이대고 가차 없이 쳐내야 한다.

정치인들이 잠재적 범죄자인 나라. 이 나라 정치인들은 언제까지 사람이 죽어야만 관심을 보이는가.

싸움은 시작도 하기 전에 전리품만 챙기는, 승자는 촛불 국민인데 지금 우리 국민은 승자 모습이 아니라 마치 패자처럼 고통받고 있다.

거리에서 눈비 맞아가며 투쟁하는 우리 투사 중에는 이명박 박근혜 시절이 오히려 싸우기가 좋았다고 고백하는 사람들이 많다.

일례로, 지난 서울시장, 부산시장 보궐선거에서 여권의 참패를 몰고 온 LH 사태를 보자. 여권에서 이명박 시대가 만들어낸 비리의 전형이라는 말이 틀린 말이 아니라 하더라도 이 정부에서 해선 안 될 말이다. 정부 부처와 공기업에 만연한 환부, 즉 불법 비리를 도려 냈어야 할 임기 4년차 정부가 할 변명은 아니라는 말이다. 말하자면, 대통령만 바뀌었을 뿐 각 부처 장악을 제대로 못 한 정부인 셈이다.

대통령 취임 후 선거 때마다 전폭적으로 지지해준 국민들로부터 진짜 버림받기 전에 남은 임기는 반민족, 반통일, 수구 적폐와 사력을 다해 싸워야 한다. 그래야 국민이 산다.

민주당 사람들, 민주당 지지자들, 민주당 성향의 방송인들이여 토요일 광화문에 나와 보라. 그리고 보수를 가장한 수구 적폐들의 난동을 보라.

대놓고 '문재인 사형'을 외치고, 현 여권의 유력 대선주자를 빨갱이라 외치고, 조. 중. 동이 유포하는 가짜뉴스대로 문재인 정부와 민주당을 모함하는 것을 직접 눈으로 보고 귀로 듣고, 그 불법집단을 처벌하지 못하는 정부에 대해 분노해 보라.

국가보안법 철폐, 세월호와 천안함 진상규명 등 위에서 언급한 과제는 사실상 문재인 정부 탄생부터 임기 내내 선거 때마다 전폭적인 지지를 해준 촛불 민중을 등에 업고 반드시 해결했어야 한다.
민주당이 정권을 재창출한다 해도 이런 과제를 해결한다는 보장도 없고, 또 다음 정권에 부담을 전가해서도 안 되기 때문이다.

정의감 없는 정치인 시민단체 언론인
(정의를 외면하는 것은 죄악이다)

문제는 정치인 너야!

범죄를 저지르고도 아무렇지 않게 생각하며 적반하장의 행동을 하는 너! 부패하고 부도덕한 정치인 너희들이 문제다.

국민이 정치인, 특히 국회의원을 찾는 이유는 그들이 비록 국민에게 신임을 받지 못한다 할지라도 국민은 공석인 일이든 사적인 일이든 국회의원에게 고충을 토로하고 도움을 요청할 수밖에 없다. 왜냐면 그들은 법을 만들기도 하고 다소 미흡한 기존의 법을 손봐서 고칠 수도 있기 때문이다. 그렇게 정치인과 그를 지지하는 유권자의 공적인 이해관계가 형성될 때 새로운 법이 만들어지고 그 법이 국민에게 유익하게 적용될 수 있는 게 아닌가.

때문에, 그들을 뽑은 유권자인 국민은 정치인에게 자기의 입장과 고충을 이야기할 권리가 있고, 또 당당히 필요한 것을 요구할 수 있다. 내가 아는 정치에 대한 상식이다.

그러나 내가 인생에서 짧지 않은 언론인 생활을 하면서 보고 듣고 느낀 대부분 정치인은, 많은 국민들이 정치인을 존경하거나 신뢰하지 않는다는 사실을 모르는 듯, 정치인 자신들에게 접근하는 유권자, 즉 국민을 먼저 의심부터 한다. 그래서 우리나라의 국민과 정치인은 서로 신뢰가 형성되기 힘든 게 아닌가.

인간은 누구에게나 사적인 욕망과 공적인 욕망이 공존한다. 그런데 일반인이라면 사적인 욕망이 공적인 욕망을 뛰어넘을 수 있다. 아니 일반인 대부분 사적인 욕망이 공적인 욕망을 지배할 수 있다.
그러나 국가와 민족을 위해 멸사봉공한다는 정치인이라면 사적인 욕망이 공적인 욕망을 넘어서는 안 된다. 즉 정치인이라도 자신의 사적인 욕망이 없을 수는 없으나 철저히 공적인 욕망이 앞서야 한다는 것이다. 우리 정치인들의 정치의식은 어떤가. 공적 욕망이 사적 욕망을 앞서는 것은 고사하고, 공사 구분 못 하는 것은 물론이고 자기들이 만든 법을 자기들이 지키지 않는 무법 시대에 사는 정치인이 여야, 보수 진보를 떠나 부지기수인 것이 엄연한 사실이다.

내가 현직 기자 신분으로 내가 몸담은 회사 사장, 이 사람은 본인 입으로 '경기도 대통령' 운운할 정도로 경기지역에서는 웬만하면 다 알 정도로 수구 적폐이며 토착 비리의 정점에 있는 불의, 불법한 자와 싸울 때 나와 아주 친하게 지낸 정치인 누구도 이 사람에게 경고하거나 맞서 싸운 사람이 없다. 토착 비리의 원흉이고 언론사를 사유화해 사적인 이득을 챙기는 데도 앞에서는 말 한마디 못하고

1천만 비정규직 문제 해결에는 미온적인 문재인 정부가 서울 시내 곳곳에서 노동자들이 철통 보안을 뚫고 시위를 벌이자 가차 없이 연행, 처벌함으로써 이들의 절규를 외면했다.

뒤에서나 비난할 정도였다.

심지어 김대중, 노무현, 문재인 정권으로 이어지며 온갖 정치적 수혜를 입은 정치인도 있다.

나와 서로 잘 아는 사이인데도, 내가 불의, 불법세력과 처절하고 치열하게 "지방언론이 개혁되지 않으면 나라가 망한다"는 소신으로 목숨 걸고 싸울 때도 이 '거물급' 정치인은 침묵했다.

이런 정치인이 '36년 해고자 김진숙'과 1천만 비정규직 노동자로 대변되는 이 땅의 노동자와 노동현실을 앞에 두고 진정으로 아파하고 고민할까.

이 나라에 아무 고통도 아픔도 없었다는 듯 부패한 기독교계나 대변하는 듯한 언행이나 일삼는다.

문재인 정부 들어서서 아주 초기에 실세 중의 실세라고 할 수 있는 현 정권의 전 민주당 최고위원을 찾아, 내가 박근혜 정권 시절 국세청에 탈세 제보한 건에 대해 '국세청 개혁'의 필요성을 역설하고 정책 수립에 보탬이 될 거 같아서 여러 대화를 나누었다. 그러나 그는 불법 청탁이나 하러 온 사람 대하듯 '김영란법'을 운운했다. 국세청 탈세 제보 항목의 글에서 밝히겠지만 그 사람이 국회의원을 왜 하는지 이해할 수 없었다.

그런데 나와 대화를 나눈 그 방에는 지역 민원현황을 써놓은 커다란 현황판이 놓여 있었다. 어디 어디 간 도로 건설 진척상황 등등 20여 개가 빼곡한.

마치 건설회사의 회의실에 놓여, 매일매일 공사 및 민원 해결 진척상황을 적어놓은 줄 착각할 정도다.

또 한 명의 친문 중 친문 국회의원에게 언론개혁을 위해 조언을 하고 싶어 이메일을 보내고 비서들에게 만날 뜻을 전했다. 결국, 이 정치인은 이메일을 직접 확인하지도 않은 것은 물론 비서가 출력해서 전달한 이메일을 확인 안한 것으로 보인다. 그래서 내가 지금도 지인들에게 하는 말은 "박근혜, 이명박이 때가 불의와 싸우기가 더 좋았고, 또 다 이겼다"이다. 이 밖에도 당시 초선, 지금은 재선이지만 이메일 응답조차 없는 젊은 변호사 출신 국회의원, 당 대표 출신으로 소수당이지만 대선후보까지 한 정치인 등 겉으로는 소통을 말하면서 불통인 정치인이 너무 많다.

이에 비하면 얼굴 한 번 안 보고도 직접 연락을 주거나 보좌관을 통해 내가 싸우는 것에 적극 공감하고 응원하고 현장에서 노조의 편을 들어주는가 하면 국정감사에서 문제점을 끝까지 파헤쳐 준 장정숙 전의원과 윤소하 전의원에게 경의를 표하지 않을 수 없다.

민주당 정치인들이 내게 가장 비겁하게 보인 장면이 있다.

지금의 국민의힘당 전신인 자유한국당 시절 '5.18 망언'이 당내 국회의원 입에서 나왔다.

이 망언이 터지자 보수언론이나 당내 중진들조차도 비판이 이어졌다.

그러나 정작 민주당 쪽에서 몇몇을 빼고는 이 세 의원을 끝까지 제명하거나 국회에 발을 들여놓지 못하게 해야 한다고 강력하게 항의하는 목소리는 크지 않았다.

이에 대해 어느 한 진보 논객은 민주당은 모든 일을 접어두고서라도 이 문제를 일으킨 장본인들은 물론 이고, 이들을 제명하지 않는 자유한국당을 응징해야 한다고 목소리를 높였다.

그러나 대부분의 민주당 중진 의원들은 침묵했다. 정의감도 없고 투쟁심도 없는 그야말로 국민에게 실망감만 안겨준 모습 그대로였다.

언론은 어떤가.

내가 수년간 '적폐' 이길여와 싸우면서 영하 20도를 넘나드는 경기도 성남의 가천대학교 앞 인도에 손바닥 만한 텐트를 치고 목숨을 건 노숙농성 할 때이다. 성남시청에는 지방언론뿐 아니라 웬만한 중앙언론도 출입하는 경기도의 중요 도시이다. 중앙지는 또한 지방

2018년 12월 5일부터 2019년 1월 15일까지 40일간 체감온도 영하 20도를 오르내리는 강추위 속에 불법, 불의, 뇌물, 노조탄압의 상징 '적폐' 이길여 구속 촉구 노숙농성을 벌이는 동안 단 1명의 언론사 기자도 찾아오지 않았다.

지 출신들이 많다. 나 또한 이 기자들과 직간접적으로 알만한 사이인 데다, 특히 이들은 내가 지방지에서 오랫동안 근무를 했기 때문에 선후배 사이인 관계가 많다.

그런데 취재 한 번 나와 본 기자가 없다. 이 기자들이 '적폐' 이길여가 어떤 범죄행위를 저질렀는지 다 안다고 봐도 무방하며, 혹 모른다면 무능하거나 기자로서 자격이 없는 것이다.

또 이길여 구속을 외치며 시위를 벌이고 있는 나 자체가 살아있는 팩트 임도 서로 안다. 그런데 취재 보도는 전혀 없다. 내가 평생 언론개혁을 외치는 이유이다.

중앙언론사 사정도 마찬가지다.

모임에서 만나면 대학 선후배이다. 내가 나온 대학의 언론인 클럽은 규모가 꽤 된다. 내가 왜 해고를 당하고, 내가 무엇을 위해 처절하게 싸웠고, 어떻게 치열하게 싸워서 그 모진 싸움을 모두 이긴지 대충 아는 언론이 있다. 그러나 나를 상대로 취재를 제안한 언론인은 아무도 없다.

왜 그럴까.

언론과 언론 간의 보이지 않는 카르텔 때문이며, 응징해야 할 대상이 불법, 불의하다 해도 그 불법, 불의한 자가 이 사회의 '갑'인 자본이기 때문이다. 관공서 등 국가 기관도 언론사의 생명줄이 되는 '자본'이 되는 순간에는 언론에게 '갑'인 것이다. 소위 광범위하게 형성된 비리의 카르텔인 것이다.

가장 최근에 접한 것이 인천시청과 인천시청을 출입하는 언론사

내가 몸담고 있는 인천참언론시민연합이 인천시장에게 국민의 혈세를 똑바로 쓰라고 요구하며 장장 70일간의 노숙농성을 하는 동안 인천시청에 출입하는 수십 명 취재기자 중 농성현장에 찾아온 사람은 거의 보지 못했다.

와의 관계에서 이를 잘 보여주고 있다.

'인천참언론시민연합' 소속으로, 박남춘 인천시장의 주민참여예산 민간위탁의 불법, 불의, 부당함을 지적하며 무려 70일간의 노숙농성을 인천시청 정문 로비 앞에서 했다.

이런 경우 언론은 우리들의 주장이, 또는 인천시 박남춘 시장의 주장이 옳은지 그른지 적어도 확인은 해야 한다. 누가 잘못이고 누가 옳은 것인지는 중요하지 않다. 한쪽이 옳으면 한쪽에는 문제가 있을 수 있는 것은 당연한 것이다.

그런데 인천시청에 출입하는 모든 언론 중 한두 곳만 빼고는 농성현장에 와보지도 않았다. 이곳에서 시위를 벌인 단체 등 집회만 8~9개에 달한다. 월요일 아침이면 그야말로 이 시위자들의 절규로 아비규환이다. 언론이 철저히 외면한 것이다. 나도 언론인이지만 하늘이 무섭지 않은지 묻고 싶었다.

언론도 제보를 받고, 기사화하지 않는 경우 제보자에게 납득 할 만한 설명을 해주어야 한다. 그게 사회의 공기로서 책무이다. 그런데 현실은 전혀 그렇지 않으니 국민의 신뢰를 못 얻는다.

나는 언론인으로서 듣기에 너무 가슴 아프기도 하지만 들어도 싸다는 생각이 드는 말이 있다.

'기레기'

내가 평생 직업으로 밥을 먹은 기자라는 것이 기자 쓰레기, 기레기로 불리는 것이 너무너무 가슴 아프다. 이제는 국민 대부분이 알고 부르는 그 이름 '기레기' 어쩌면 내가 죽을 때까지 안고 살아가야 할 주홍글씨이다.

시민단체는 어떤가.

나를 아는 사람 중에는 나를 '독고다이'로 칭하는 이가 더러 있다. 그러나 누군들 혼자 싸우는 것을 좋아하고, 연대를 싫어하겠는

가. 내가 싸움 과정에서 만난 시민단체, 특히 언론 관련 시민단체는 내 싸움의 상대와 그들의 이해관계를 더 중요하게 생각했기 때문인지 나를 철저히 외면했다.

정의감을 가지고 사회악과 싸워서 공정하고 공평한 세상을 만드는 데 앞장서야 할 시민단체가 그 본연의 임무를 망각한 채 또 하나의 '권력'으로 변질된 것이 안타깝다.

요즘은 시민단체가 대놓고 지자체와 결탁해 이권 사업을 하고, 허울 좋은 구실을 내세워 합법을 가장해 예산, 즉 국민의 혈세를 도둑질한다. 심지어 정부로부터 어떤 보조금도 받지 않겠다는 시민단체조차 지역의 기업체로부터, 또는 지역 적폐로부터 각종 행사 등을 빌미로 검은돈을 받는다.

불의, 불법을 견제하고 감시해야 할 시민단체가 불의, 불법한 기업 또는 지역 적폐 세력에 면죄부를 주는 꼴이다.

과연 검찰개혁이 모든 개혁의 마지막인가!

내가 나를 해고한 불의, 불법한 세력과 고소. 고발로 맞서 싸울 때 나를 수사하는 검사로부터 전화를 받았다.

"상대와 합의할 생각이 없으십니까?"

나는 단 1초의 망설임도 없이 답했다.

"합의할 생각이 전혀 없습니다. 나는 검찰이 나에게 벌금 단 10만 원을 부과해도 검찰청 서까래에 목을 맬 것입니다."

검찰을 향한 단호하면서도 자신 있고 당당한 나의 이 말과 신념이 향후 이어지는 재판은 물론, 내 인생에 큰 영향을 끼치게 될 줄을 몰랐다.

내가 생각하기에 나는 그들과 싸워 이길 자신 있었다. 이긴다고 생각했다. 아니 이겨야 한다고 생각했다. 적어도 나는 잘못한 게 없었고, 그들은 그렇지 않았기 때문이었다.

젊은 검사가 나를 실험이라도 한 걸까?

이 검사의 지휘를 받는 수사관이 기소의견으로 검사에게 올린 이

사건을 보란 듯이 불기소(무혐의)했다. 대단한 용기이다. 아무리 지방언론이라 할지라도 지역에서는 영향력을 인정할 수밖에 없다. 더군다나 내가 몸담았던 신문사 대표는 수원지검장과 함께 경기도 기관장 회의의 같은 회원이다. 기관장 회의가 그들만의 리그라 할지라도 정기적으로 마주 보며 이야기하는 정도의 관계이다. 게다가 신문사 검찰 출입 기자가 있고 담당 부장이 있다. 담당 검사는 아니더라도 부장검사 차장검사도 있다. 때문에, 이 검사의 용기가 대단하고 정의감이 대단하고 소신이 대단하다는 생각이 들었고 감사했다. 나를 도와주어서가 아니고, 기소해야 할 사건을 기소하지 않아서도 아니고, 다만 법대로 판단하고 법대로 결정했기 때문이다.

반면에 내가 그들을 분식회계(상법위반) 등으로 고발한 건은 비록 대표이사 등은 불기소처분했지만 회계 국장은 구약식기소로 벌금 5백만 원에 처해 추후 법정 싸움에 내가 유리한 위치를 점하게 됐다.

그러나 내 사건에 한한 것이기는 하지만 경찰이 소위 말해 지역의 유력인사나 언론사가 연루된 사건을 대하는 태도나 의지 소신은 너무 달랐다.

내가 해고되고 책을 내자 경기도 한 시의 공무원노조가 강연을 부탁했고, 강연이 끝난 뒤 뜻하지 않게 사건이 터졌다. 경인일보 노조 위원장이 내가 해고된 이유를 횡령이라고 못을 박은 것이다. 후배이긴 해도 이로 인한 불명예는 벗어야 한다는 생각에 노조원원장을 명예훼손혐의로 고소했다. 이 사건을 담당한 경찰, 그 젊은 경찰 왈 "횡령이라는 말을 들었다"며 불기소 의견으로 검찰에 송치했고,

경찰 의견대로 무혐의처분 됐다. 지금 같았으면 나는 이 경찰관을 보란 듯이 고발했을 것이다.

내가 경인일보에서 해고된 건에 대해 지방 노동위원회 중앙 노동위원회 행정법원 1심과 2심, 명예훼손 사건 1심과 2심 판결문 등 그 어디에도 '횡령'이 언급되지 않았다. 경찰의 수준도 수준이지만, 지역에서의 경찰의 역량과 재량 등의 한계를 볼 수 있는 장면이다.

가천대학교 앞 시위과정에서 발생한 사건도 마찬가지이다. 내가 이길여를 상대로 고소한 사건은 수사관이 이길여를 조사조차 않고

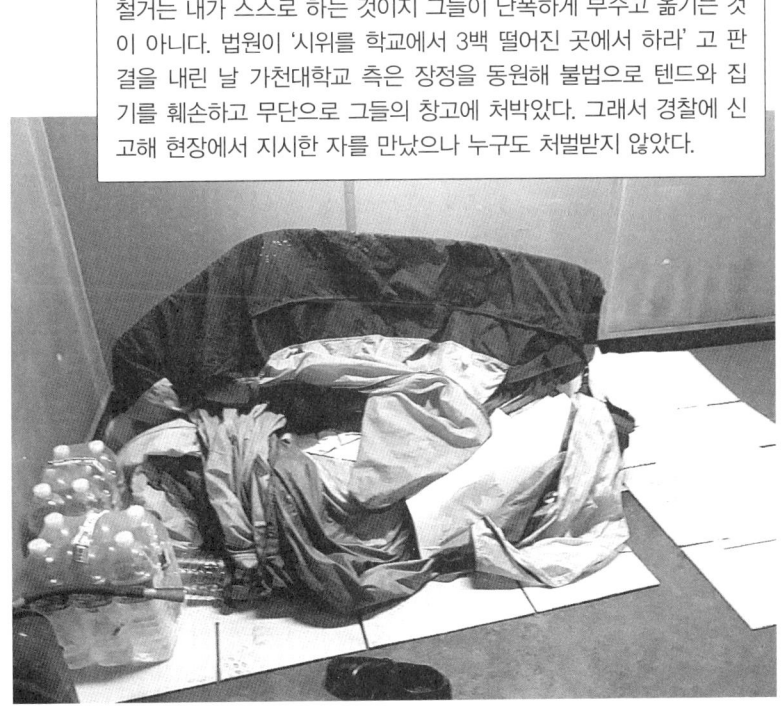

철거는 내가 스스로 하는 것이지 그들이 난폭하게 부수고 옮기는 것이 아니다. 법원이 '시위를 학교에서 3백 떨어진 곳에서 하라'고 판결을 내린 날 가천대학교 측은 장정을 동원해 불법으로 텐드와 집기를 훼손하고 무단으로 그들의 창고에 처박았다. 그래서 경찰에 신고해 현장에서 지시한 자를 만났으나 누구도 처벌받지 않았다.

중간선에서 마무리, 그 중간선조차도 무혐의, 심지어 시위과정에서 발생한 도난사건 현장에서 용의자가 밝혀진 건에 대해서도 적당히 무마. 도리어 이들 경찰은 답변하기 곤란한 사안에 대해서는 검찰 핑계를 댄다. 스스로 무능함을 실토라도 하듯. 이 과정에서 내가 고발한 사건을 수사한 경찰은 비교적 젊은 사람들이다. 여기에는 경찰의 엘리트를 양산하는 대학 출신의 젊은 간부도 있다.

 이쯤 되면 과거 검사동일체라고 하는 획일적 집단 구조가 경찰에도 깊숙이 뿌리를 내려 젊은 직원들이 소신껏 법대로 할 수 없는 그 무엇인가의 지배, 또는 통제구조가 작동하는 것은 아닌가. 나는 경찰의 이러한 자유롭지 못한 행태가 오랫동안 지역을 지배해온 토착 비리 카르텔 구조의 한 축이기 때문이라고 생각한다.
 검사가 인사를 통해 한자리에 오래 머물 수 없는 구조라면 처음부터 간부로 임용되는 경찰을 제외한 일반 경찰은 임용되면서부터 한 지역을 크게 벗어나지 경우가 많다.
 한 경찰서에 근무하는 시간이 많은 것은 물론 지역을 벗어나도 일시적이거나 광역 시. 도는 벗어나지 않는 경우가 거의 전부라고 해도 과언이 아닌 게 사실이다. 이러다 보니 지역 유력인사의 범죄행위에 대해서는 관대하거나 솜방망이 처벌에 그칠 공산이 크다.
 예를 들어 경기도 지역의 한 경찰서가 있다 하자. 이 경찰서의 서장은 외부에서 발령받아 온 사람이 대부분이다. 사고안치고 원만하게 지내다가 더 좋은 곳으로 가거나 승진해서 다른 곳으로 가기만 하면 된다는 인식이 그를 지배하고 있다. 또 장래가 보장돼있는 엘리트 간부들 역시 이곳에서 의욕을 가지고 지역 유지들과 부딪혀

가며 의욕적으로 수사하기를 꺼린다.

 심하게 말하면 이 경찰서를 실질적으로 좌지우지하는 것은 이 경찰서에서 잔뼈가 굵도록 근무한 베테랑 중간 간부들이라는 것이다. 경찰서장도 이들에게 의지할 수밖에 없고, 엘리트 간부들도 이들이 쥐고 있는 정보에 의존할 수밖에 없다.

 검찰개혁의 필요성은 어제오늘 이야기가 아니다.

 검찰은 힘있는 자들에 대해서는 수사를 제대로 못하고, 힘없고 억울한 사람을 범죄자로 만들어서 무죄판결을 수없이 받아도 추후 책임을 지는 사람이 없다. 검사가 비리검사를 수사하고 기소하지 않기 때문이다.

 검찰은 기소권, 영장청구권, 용의자 수사에서부터 구속, 재판회부와 감옥에 넣고 빼는 권한까지 모두 가지고 있다.

 이런 검찰의 권한을 내려놓게 하고 권한을 분산하게 하는 것이 검찰개혁의 요지이다. 검찰 권한을 나누어 가져야 하는 것이 경찰임에는 두말할 여지가 없다.

 국회가 패스트트랙으로 공수처 설치에 합의하고, 윤석열로 대변되는 검찰개혁을 외치며 수많은 국민들이 서초동에 촛불을 들고 모였을 때, 조국 장관과 그 가족이 어느 한 인물의 사심에 의해 수십 군데 압수수색을 당하며 난도질당할 때 대부분 국민은 검찰을 범죄집단으로 몰아가는 데는 주저하지 않았지만, 경찰의 반인권 반사회 비민주적 관행에 대해서는 얼마나 고민했는가.

 검찰 수뇌부가 불법 부당한 짓을 일삼을 때 일선 검사들이 느끼는 자괴감은 어떨까. 각 지방검찰청의 지검장으로부터 부당한 압력과 지시를 받은 소속 검사들이 느끼는 좌절감은 어떨까.

경찰도 마찬가지다. 청운의 꿈을 안고 민중의 지팡이가 되겠다고 경찰에 투신했는데 처음에 만난 상관이 토착비리로부터 자유롭지 못한 신분이라 수사를 소신껏 못하고, 용의자 혹은 피의자에 접근조차 못 한다면 이때 느끼는 젊고 유능한 경찰은 얼마나 괴롭고 실망스러울까.

'적폐' 이길여를 응징하기 위한 나의 투쟁은 이길여가 구속되는 그날까지 계속될 것이다.

문재인 정부가 검찰개혁이 전부인 것처럼 검찰개혁에 집중할 때 또 다른 권력기관인 국세청 감사원을 비롯 방통위 언론중재위원회 등 다른 정부 기관의 무사안일 복지부동의 행태는 이슈에서 묻혀 버리고 말았다.

문재인 정부 출범 후 방송통신위원회가 법대로만 했다면 종편방송과 지방 방송들이 재허가 심의를 통과할 수 있었을까. 적폐청산을 내세운 정부의 기관이 적폐를 옹호하고 양산하고 북돋우는 꼴이 돼 버린 격이다.

감사원은 어떻고, 언론중재위원회는 어떻고 노동부는 어떤가. 이처럼 산적한 문제는 등한시한 채 문재인 정부가 임기 말을 향해 치닫고 있다.

나는 윤석열 검찰총장에게 직접 편지로도 말하고, 각종 SNS로도 말한 적이 있다.

"조국 장관을 털 듯이 각 지방검찰청을 돌며 힘없고 억울한 사람들이 수사를 촉구하며 절규하는 목소리를 귀담아들어 보라"고….

민주화가 상당히 이루어졌다고는 하나 대한민국의 지방검찰청 앞에는 억울한 사람들이 내건 현수막과 직접 피켓을 들고나와 하소연하는 사람들이 부지기수이다.

한동훈 검사장이 조선일보와 인터뷰한 내용을 보고, 그 안에서 검찰개혁이 왜 필요하며, 검찰개혁의 최대 걸림돌이 무엇인가를 엿볼 수 있었다.

한동훈 검사장은 2021년 2월 15일 조선일보와의 인터뷰에서 "문재인 정부에서 자신이 세 차례나 좌천된 것은 조국 전 법무부 장관 수사에 대한 보복이라고 생각한다"고 말했다.

한동훈 검사장은 "그 수사에 관여하지 않았어도 이런 일들이 있었을까. 그것 때문이라고 생각한다"며 "권력이 물라는 것만 물어다 주는 사냥개를 원했다면 저를 쓰지 말았어야 한다. 그분들이 환호하던 전직 대통령들과 대기업들 수사 때나, 욕하던 조국 수사 때나, 저는 똑같이 할 일 한 거고 변한 게 없다"고 했다.

기가 막힌 화법이다.

이런 화법으로 본질은 흐려지고 윤석열은 정의의 사도가 되며, 한동훈은 정의로운 검사의 표본이 되는 것이다. 적어도 한쪽에서는….

일일이 논리적인 반박을 하기도 민망하다.

법무부 장관이 수사지휘권 한번 발동하면 요란을 떠는 언론, 그에 맞장구쳐서 정쟁을 일삼는 정치권.

문제는 정치이고, 정치인이다.

범법자가 수두룩한 정치권에서 과감하게 검찰, 그리고 검찰을 옹호하는 언론과 맞서 싸울 수 있는 정치인이 얼마나 있을까.

민주당 대선후보들이 범죄집단 종편TV를 돌며 토론회를 개최한다. 민주당 젊은 의원들이 고발해 피의자 신분이 된 그 언론사에서. 그것도 언론개혁을 줄기차게 주장해 온 젊은 학자가 사회를 본다. 조중동 폐간이 이 나라 변혁의 처음이자 끝이라고 주장하는 나로서는, 아니 내가 살아오면서 정립한 정체성으로선 용서할 수 없는 대목이다.

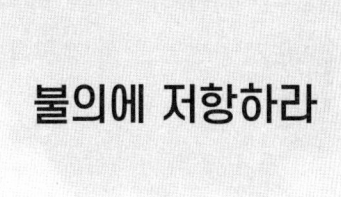

불의에 저항하라

2011년 2월 이집트 국영 〈나일 TV〉 앵커 샤히라 아민은 방송사로 가던 도중 타흐리르 광장에 모여든 군중 수만 명의 함성을 듣고 차를 멈춰 서고는 사장에게 핸드폰으로 문자를 보낸다.

"나는 돌아가지 않겠습니다. 나는 정권이 아닌 사람들과 함께 있겠습니다."

그렇게 샤히라 아민은 명성과 돈, 그리고 안성된 직장을 버렸다.

샤히라 아민은 호스니 무바라크 이집트 대통령과도 가까웠다. 그는 무바라크가 파리의 엘리제궁에서 사르코지 프랑스 대통령을 만날 때도 함께 했으며, 텍사스 크로퍼드 목장에서 조지 부시 대통령을 만날 때도 지켜보았다.

이렇게 독재자의 입맛에 맞는 보도를 할 수밖에 없었던 그의 삶을 바꾼 것은 이집트 카이로의 타흐리르 광장이었다. 공교롭게도 타흐리르의 뜻은 해방이다.

아랍의 봄은 2010년 말 북아프리카에서 시작된 반정부시위다. 중동과 아프리카의 반정부. 민주화 시위는 집권세력의 부패, 빈부격차, 청년실업으로 인한 젊은이들의 분노 등이 원인이 돼 아랍 전역으로 확대됐다.

　2010년 말 시작된 튀니지의 반정부시위는 2011년 1월 재스민 혁명으로 번졌고, 이집트는 2월 코사리혁명으로 각각 정권교체에 성공했다. 또 리비아에서는 10월 무아마르 카다피가 사망하면서 42년간 계속된 독재정치가 막을 내렸다. 예멘은 2011년 11월 알리 압둘라 살레 대통령이 권력 이양에 서명함으로써 33년간 계속된 철권통치가 종식됐다.
　이처럼 민주주의의 역사는 불의에 저항한 역사이다.

　이같이 아랍의 봄이 한창일 때 나는 해고가 예고된 2번째 대기발령을 받은 상태였다.
　나는 이집트의 내 또래인 샤히라 아민을 보면서 많은 생각을 하게 되었다.
　어차피 첫 번째 대기발령을 받으면서 이 불법, 불의한 사장과는 함께 할 수 없다는 것을 깨달았고, 그러기 때문에 기자 생활을 정리한다는 생각으로 마지막 임지가 된 곳에서 1년간 책도 집필하지 않았는가.
　지방언론 개혁을 위해 불의, 불법한 사장과 끝까지 싸움으로써 명예와 자존심을 지킬 거인가. 아니면 호구지책과 입신양명을 위해 비굴하게 무릎을 꿇어야 할 것인가.
　무릎을 꿇는 것은 겉으로 보기엔 평탄할지 모르나 비굴한 짓으

민주주의의 역사는 불의에 저항한 역사이다. 세상을 변혁하려면, 후손에게 공정하고 공평한 세상을 물려주려면 우리는 끊임없이 불의와 맞서 싸워야 한다. 경기도 한 시의 공무원노조에 초청받아 "불의에 저항하라"는 제목으로 강연을 했다.

로 그동안 나를 지켜온 나의 정체성이 용납 안 할 것이고, 맞서 싸운다는 것은 엄청난 고통과 물질적 육체적 심리적 피해를 감수해야 하는 것 아닌가.

사실 나는 이즈음에 불의의 세력과 맞서 싸울 준비를 끝낸 상태였다.

2009년 1월 31일 첫 번째 대기 발령을 받는 순간부터, 아니 이 회사에 입사해 불의 불법한 한 사람으로부터, 자기 쪽으로 줄서기를 강요당하는 순간부터, 나는 그와 동행할 수 없는 사이라는 것을 감지하고 있었다. 그래서 한 번은 더 나를 죽이려 할 것이라고 각오하고 싸움을 준비하고 있었다.

 나에게 유배지나 다름없는 양평으로 발령을 받는 순간부터 사무실 겸 숙소로 쓸 수 있는 집을 얻어 낮에는 직장인으로서 책무를 다하고 밤에는 "지방언론이 개혁되지 않으면 나라가 망한다"는 소신으로 〈기자님 기자새끼〉 책을 집필하기 시작했다. 또 회사에서 오는 모든 공문 및 서류는 하나도 빠짐없이 보관하고, 경인일보 전용 녹음기를 마련해 불법 부당한 사례를 전부 모았다. 어차피 나는 혼자다. 저쪽은 법인 돈을 물 쓰듯이 쓰겠지만, 나는 사비를 털어야 한다. 불의와 끝까지 싸워야 하는 것은 정해진 길인데 어떻게 감내할 것인가 고민을 할 때 이집트 〈나일 TV〉 앵커 샤히라 아민이 내 앞에 나타난 것이다. 말하자면 이국만리 타국의 얼굴도 모르는 한 언론인의 각성이 나의 투쟁력을 일깨운 것이다.

 무릇 모든 압제에는 저항이 뒤따른다. 민주주의 역사는 민중이 불의에 저항한 역사와 궤를 같이한다.

 나치 시대의 백장미단이 이를 잘 말해주고 있다. 우리 세대가 박정희 전두환으로 이어지는 독재 시절이었기 때문에 이 백장미단의 활동은 우리에게 큰 용기도 주었지만, 사회변혁에는 반드시 희생이 동반한다는 사실도 일깨워 준 것이다.
 백장미단은 뮌헨대학의 학생으로 구성되어 1942년부터 1943년까지 활동한 반 나치스 운동단체이다.한스 숄과 그의 누이동생 죠피 숄 등 학생들과 크르트 후버 교수 등도 반나치 활동에 참여했다.

백장미단의 구성원은 나치의 유럽지배를 부정하고 기독교의 인내와 정의를 신봉했다. 이들은 독일의 지식 계급의 전형을 표방했는데 이들의 선전문은 처음에 바이에른, 오스트리아 등 독일 남부를 거점으로 배포되었다. 이것은 반군국주의 메세지가 남부에서 더 쉽게 퍼지리라 예상했기 때문이다.
　백장미단의 활동이 상세히 밝혀지자 개인적 야심과 권력에 물든 나치스의 광기에 사로잡혔던 사람들은 이 사실에 큰 충격을 받았다.

　왜 굳이 외국의 사례를 열거하는 것인가.
　박정희 정권 시절에도, 또 전두환 정권 시절에도 불의에 저항하다 하루아침에 형장의 이슬로 사라진 민주 투사 학생들이 있는가 하면, 불의에 저항하는 대신 독재의 마수가 되어 민주인사들을 핍박한 정권의 개들도 있는 것이다. 이들이 독재정권이 몰락한 뒤 깨달음이 있었을까.
　아니다. 대부분 이 기회주의자들은 무늬만 달리한 채 누군가의 주구로 또다시 민중을 배반하는 위치를 차지하게 되는 것이다.

　노무현은 한국은 특별히 기회주의가 행세하고, 일제에 붙었던 사람들, 재빨리 미국에 줄 섰던 사람들, 재빨리 독재에 줄 섰던 사람들이 이 나라의 주류라고 개탄했다.
　"우리에게 정의감이 있느냐? 정의가 이겨야 한다는 결의가 있느냐?" 노무현이 던진 이 물음에 우리는 얼마나 자신 있게 답할 수 있는가.

나는 매월 인천시 연수구 옥련동 이길여 자택에서 '적폐 이길여 구속 촉구 집회'를 위한 집회신고를 경찰에 하면서 집회목적란에 "'적폐'이길여 구속을 촉구함으로써 이 땅의 후손들에게 공평하고 정의로운 세상을 물려주는데 손톱의 때만큼이라고 기여 하고자 한다"고 적는다.

우리 사회는 일제 강점기 때부터 내려오는 동안 쌓인 적폐를 1세기를 지나 새로운 세기도 한참 지났건만 지금까지 청산하지 못한 것은 물론, 여기에 새로 생긴 적폐까지 더해 점점 적폐청산이 어려워지고 있다.

내 평생 신념과 지론은 이 사회가 공정하고 공평해지려면 깨어있는 정의로운 사람들이 자기 눈앞에 있는 불의, 자기와 이해관계에 있는 불의를 용납하지 않는 데서부터 출발해야 한다고 믿는 사람이다.

부패 공화국이라 해도 지나치지 않는 우리 한국사회는 불법, 불의가 내 주변에서 판을 치고 있고, 또 그렇게 불법, 불의를 일삼는 자들이 이 사회의 주류를 형성하고 있는 것도 부정할 수 없는 게 사실이다.

예를 들어 아파트 관리소장이 관리비를 부당하게 착복하면 그 아파트 주민들이 이의를 제기하고, 그러고도 개선이 안 되면 고발을 하고, 고발했는데도 처벌받지 않으면 시위라도 해서 불법, 부당함을 알려야 한다.

또 공무원은 민선 단체장이 부당한 지시를 내리거나 승진 등을 미끼로 뇌물을 요구하거나 각종 이권사업에 개입하면 이를 거부할 용기가 있어야 한다.

　사람들이 노무현을 욕하고 김대중을 욕하고, 또는 이명박을 욕하고 박근혜를 욕한다. 뚜렷한 잘잘못을 스스로는 파악 못 하면서 그저 자기 성향의 사람들이나 정치권에서 금그어 놓은 노선에 따라 무조건 성토한다.

　그러나 이처럼 군중심리에 의한 편 가르기 싸움에는 동조하면서 내 눈앞의 비리에는 얼마나 분노하는가.

　비리, 불법을 저지르는 사람을 욕하기는 쉽다. 그러나 그 불법을 저지르는 사람을 나무라고 제대로 돌아오라고 충고했을 때 예상되는 보복이나 앙갚음 때문에 미리 짐작해서 나서길 꺼리는 게 대부분이다.

　심지어 길 가다가 한 사람이 집단 린치를 당하는 것을 목격하고도 우리는 외면한다. 잘못 끼어들었다가 낭패를 당할 것이 두렵기 때문이다.

　이렇게 평상시에 나와 이해관계가 있거나, 혹은 눈에 보이는 비리, 불법은 외면하거나 묵인하면서 너나 할 것 없이 나라 걱정을 하고, 정의롭지 않은 정치권은 이러한 국민의 심리를 적극적으로 자기 진영에 맞게 활용한다.

　우리가 여야 할 것 없이, 설사 자기가 지지하는 세력이라 할지라도 불의, 불법에 대해 사안마다 혹독한 비판과 저항을 해야 하는 이유이다.

　자신이 지지하는 세력의 잘못에 더 냉철한 비판을 가해야 한다.

그래야 더 건강한 집단, 세력이 된다.

우리는 좌우, 동서, 양당으로 나뉘어 내 편이라고 생각하는 쪽에는 관대하고, 오로지 반대되는 세력만 제거하면 새 세상이 되는 줄 착각하고 있다.

요즘의 유투버들의 행태를 보면, 친문재인 계의 유투버들은 문재인이 어떤 미흡한 개혁, 정책적 실패를 해도 거센 비판을 하지 않는다. 반대로 극우 유투버들이 국민의힘에 대해 가혹한 비판을 가했더라면 어땠을까. 국민의힘이 각성했을 것이다. 박근혜 탄핵 이후 보수당이 손톱만큼도 변하지 않는 이유가 적폐 언론과 극우 유투버들의 무조건적인 동조가 한몫 한 건 아닐까.

아! 대한민국 부패의 상징 세월호

한국사회는 총체적으로 부패했다.

정치권이 부패했고 언론이 부패했고, 지방자치단체가 부패했고, 너도나도 부패에 길들여 있다.

수백 명의 목숨을 앗아간 인재가 발생해도 결과만을 문제 삼고, 초기대응에 대해서만 말한다.

너나 할 거 없이 전수조사를 말하고 재발 방지를 말한다.

대통령이 현장을 방문해서 대책 마련을 지시하면 관계부처의 결의가 대단하고, 국회 차원의 후속 조치가 발표된다.

그러나 왜 그때뿐일까.

이 와중에도 언론은 대통령 흠집 내기에 골몰하고, 그 논조를 이어간다. 죽음을 정치에 이용하는 것이다.

2021년 세월호 참사 7주기를 앞두고 시민들은 세월호 진상규명의 책임이 있는 청와대를 둘러싸고 다시 피켓을 들었다. "다시, 촛불. 다시, 세월호".
나는 매주 토요일 저녁 이 피켓을 들고 시위에 나설 때마다 눈물이 났다. 부패 공화국 대한민국에서 우리 기성세대는 그 누구도 자유로울 수 없다. 그래서 젊은이들에게 미안하다.

세월호 참사는 대한민국 부패의 상징이다.

정치권과 언론, 지방자치단체, 검찰, 경찰 그 어떤 분야의 어떤 사람도 부패에 자유로울 수 없고, 이에 따라 세월호 참사에서도 그 누구도 자유로울 수 없다. 우리가 끝까지 진실규명을 해야 하고, 여기에 연루된 모든 이를 발본색원해 처벌해야 하는 이유이다.

나는 세월호 참사 7주기를 앞두고 매주 토요일 오후 청와대 인근 경복궁역 주변에서 촛불시위에 참가했다. 매주 참가할 때마다 가슴이 아프고 울분을 참지 못한다. 무엇보다 이 시위에 동참하고 있는 젊은이들에게 미안하다.

세월호 참사 유족들은 2021년 2월 26일 검찰 세월호 참사 특별수사단이 박근혜 정부의 수사 외압과 유족 사찰 의혹 등을 무혐의 처분한 것에 대해 수사결과를 납득할 수 없다며 재수사를 요구했다.

4·16 세월호 참사 가족협의회, 4·16연대, 민주사회를위한변호사모임은 이날 서울중앙지검 앞에서 기자회견을 열고 특수단의 무혐의 처분에 항고했다고 밝혔다. 유족은 같은 달 15일 서울중앙지검에 항고장을 제출했다.

이들은 또 국회에는 세월호 참사 진상규명 특검 구성을, 사회적 참사 특별조사위원회에는 영장 청구를 통한 대통령기록물 등 자료 확보를 요청했다. 이들은 성명서에서 "특수단의 무혐의 처분은 소극적인 수사와 부당한 법률해석으로 책임자에게 면죄부를 줬다"며 "세월호 참사의 희생을 불가피한 교통사고의 희생으로 모독하고, 한국 사회를 세월호 참사 이전으로 되돌려 버렸다"고 밝혔다.

청와대에도 사참위에 세월호 참사 관련 자료를 제한 없이 제출해 달라며 진상규명 노력을 촉구했다. 이들은 "우리는 문재인 정부가 임기 내에 세월호 참사의 성역 없는 진상규명을 제대로 끝내주기를 원한다. 다음 정부에 진상규명 책임을 떠넘기는 것은 상상도 할 수 없는 일이고 절대로 있어서는 안 될 일"이라고 밝혔다.

이들은 문재인 대통령을 향해 "대통령 권한으로 정치적 이해로부터 독립된 성역 없는 수사를 지시하라"고 말했다.

세월호 특수단은 2021년 1월 19일 최종 수사 결과를 발표했다. 유족의 고소·고발 11건, 사회적참사특별조사위원회 수사의뢰 8건 등을 수사해 박근혜 법무부의 검찰 수사 외압 의혹, 세월호 유가족 사찰 의혹, 선박자동식별시스템(AIS) 항적자료 조작 의혹 등 13건을 무혐의로 판단해 불기소했다. 특수단은 박근혜 정부의 특조위 활동 방해 의혹에 대해 2020년 5월 이병기 전 대통령비서실장 등 9명을, 해경의 부실 대응 의혹에 대해 지난해 2월 김석균 전 해양경찰청장 등 해경 지휘부 11명을 불구속 기소했다. 김 전 청장과 해경 지휘부는 2021년 2월 15일 1심에서 업무상 과실치사상 혐의에 대해 모두 무죄를 선고받았다.

세월호 참사 6주기인 2020년 4월16일 문재인 대통령은 "불행하게도 얼마 전 두 분 학부모께서 아이들 곁으로 가셨다"고 언급하며 "다시는 손을 놓치지 않겠다는 마음으로 아이들과 약속한 '안전한 나라'를 되새기며, '4.16생명안전공원', '국립안산마음건강센터' 건립을 차질없이 진행하고, 진상규명에 최선을 다하겠다"고 약속했다.

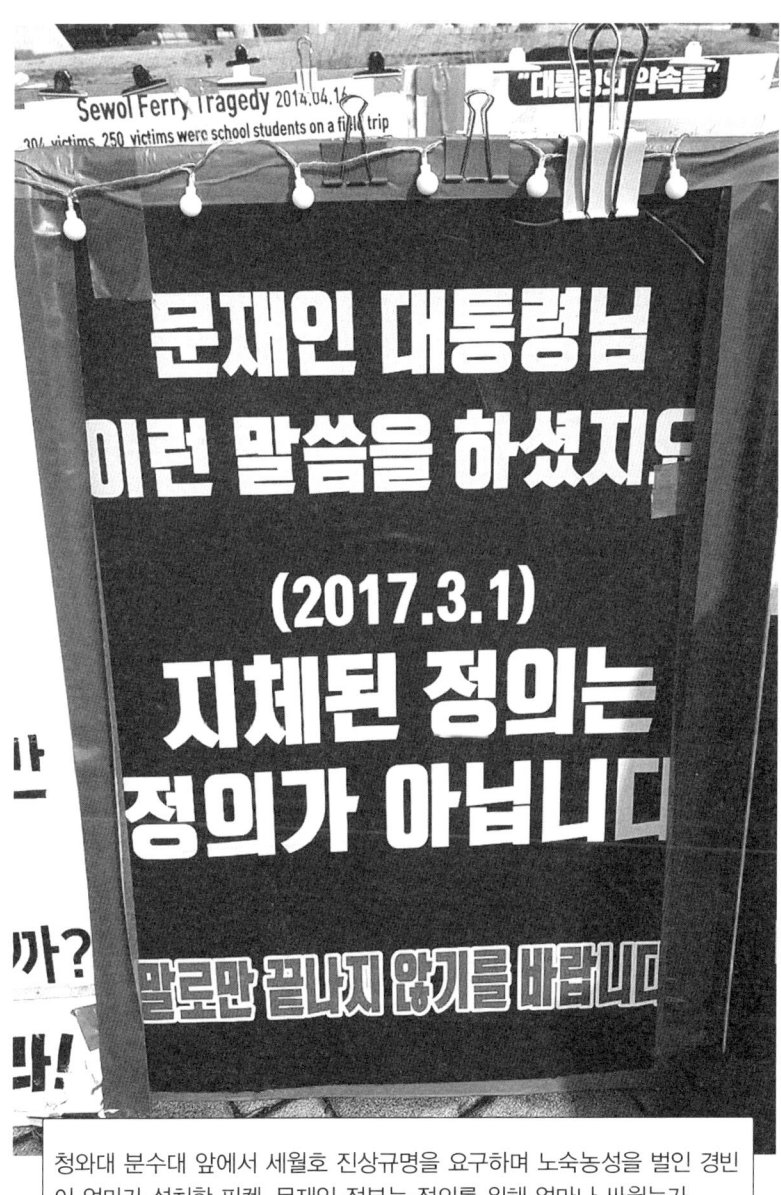

청와대 분수대 앞에서 세월호 진상규명을 요구하며 노숙농성을 벌인 경빈이 엄마가 설치한 피켓. 문재인 정부는 정의를 위해 얼마나 싸웠는가.

정세균 국무총리도 SNS를 통해 다시 한번 세월호 진상규명을 약속했다. 정 총리는 "세월호의 진실은 아직 깊은 바다 속에서 떠오르지 못했다"며 "진실이 밝혀지지 않는 한 우리의 가슴 속에서 세월호 참사는 끝나지 않을 것"이라고 했다.그러고는 세월호 유가족과 국민들에게 "정부는 세월호의 진실을 끝까지 규명하고, 다시는 같은 비극이 반복되지 않도록 최선을 다하겠다"고 덧붙였다.

이같은 대통령과 총리의 약속은 민주당이 총선에서 압승한 뒤 나온 것이어서 유족들은 물론 국민 모두가 큰 기대를 했으나, 그러나 그 이후 세월호 참사 진실규명에 진척된 일은 전무에 가깝다.

나는 세월호 참사와 함께 '제천화재'와 밀양 '세종병원 화재', 그리고 '코롱연수원 붕괴' 사건 등에 주목한다.

2017년 12월 21일 오후 3시53분쯤 충북 제천시 하소동(용두동) '복합건축물 노블휘트니스앤스파(구 두손스포리움) 건축전체면적 3,813㎡, 1층 주차장, 2·3층 목욕탕, 4~7층 헬스클럽, 8층 레스토랑, 9층 옥상. 사용승인 2011년 7월)'에서의 〈화재〉로, 〈사망 29명(여성 23명, 남성 6명)(1층 1명, 2층 여탕 19명, 6~8층 9명), 부상(유독가스 흡입 포함) 40명(중환자 없음)〉의 〈전국역대 4번째 화재대형참사〉가 발생했다.

충북지방경찰청 수사본부 2018년 5월 10일 제천경찰서에서 브리핑을 열고, 약 5개월 동안의 〈제천스포츠센터화재 수사결과〉와 함께, 지난 4월 25일 〈제천화재현장에서 재연한 시뮬레이션(Simulation. 실제 사건, 과정을 시험적으로 재연하는 기법) 결과〉를 발표했다.

경찰은 전체 78명으로 수사본부를 편성해 〈건물의 안전관리 등 건물주와 관리인의 업무상과실, 화재건물 설계·건축·감리와 불법증축 등 건축물 관리, 소방지휘관의 업무상 과실치사 등 소방관련 수사, 건물의 실소유자 의혹 등 4가지 분야, 유족 의혹 제기사항〉 등을 중심으로 광범위한 수사를 진행했다. 또, 〈화재원인규명〉을 위해 '국립과학수사연구원(국과수)(원장 최영식)' 등과 함께 〈합동현장감식〉을 했으며, 화재현장상황을 재연하는 시뮬레이션을 진행했다.

이날 브리핑에서 경찰은 "건물 2층에 16시 17분대까지, '생존자'가 있는 것으로 파악됐다. 당시 '지휘팀장'은 '구조대'보다 먼저 도착해, 구조대를 기다리고 있었다. 도착 후, 바로 지휘를 했어야 했다. 16시 11분~12분까지 〈통화량〉이 많았다. 이 시간까지, 내부에 〈요구조자〉는 의식이 있었을 것이다. 소리를 지르거나, 유도등으로 대피시킬 수 있었다. 당시 16시 17분 44초까지 희생사와 유족이 통화를 했고, 의식을 잃은 뒤에도 3분 정도 생존할 수 있다"는 〈관련학계논문〉을 종합해, 16시 6분 현장에 도착한 지휘조사팀장이 바로 〈2층 구조 지시〉를 했더라면, 16시 20분까지 구조가 가능했을 것이다"라고 밝혔다.

또, "소방서장이 현장에 도착한 게 16시 12분이다. 바로 지휘팀장에게 보고받고, 2층 요구조자 보고를 받았다. 지휘를 했다면, 〈최소 1명이라도 구조〉할 수 있었지 않았을까 생각한다. 16시 20분까지만 요구조자들에게 '산소마스크'를 씌우고 밖으로 대피시켰다면, 많은 사람들을 구할 수 있었을 것이다. 〈2층에 다수의 요구조자 존재 사실을 보고〉받았음에도, 〈현장상황파악, 전파, 피해자 구조지시 등 최소한의 기본적조치〉도 소홀히 했다"라고 전했다.

충북경찰청수사본부는 5월 10일, 제천스포츠센터화재참사와 관련 "당시 〈화재진압, 인명구조지휘를 소홀히 한 혐의(업무상 과실치사상)〉로 〈입건〉된 ㅈ소방서 이 전 서장, 김 전 지휘조사팀장 등 소방지휘부 2명을 〈불구속 기소 의견〉으로 〈검찰에 송치〉하고, 〈소방관계자들의 부실대응관련수사〉를 마무리지었다"고 밝혔다.

〈제천화재수사 결과〉 현재 구속 4명(건물주 이모(53)씨, 관리과장 김모(51)씨, 관리부장 김모(66)씨 등 건물관련자 3명, 경매방해혐의 등 1명), 소방지휘관 2명 등 13명(건물관련자 6명, 건물감리 2명, 건물경매 관련자 1명, 공무원 4명)이 〈형사 입건〉됐다.(총 입건인원은 13명이나, 복수 죄명 적용 입건자로 인해 총계 20건)

그러나 경찰은 이 같은 참사의 근본적인 원인인 지역공무원과 언론, 정치인 등에게는 수사의 칼날을 겨누지조차 못했다. 불법, 비리로 부실하게 건물을 짓거나 운영하려면 그 누군가의 비호나 묵인이 있기 마련인데, 이럴 때마다 경찰은 사건이 발생할 수밖에 없었던 비리의 근본 원인에는 접근조차 못하는 것이다.

경남 밀양 세종병원 화재사건 수사본부는 2018년 4월 5일 최종 수사결과를 발표했다.

경찰은 2018년 1월 26일 경남 밀양 세종병원에서 발생한 화재사건과 관련, 병원 관계자 16명을 입건하고 이중 이사장 등 3명을 구속했으며, 관련 공무원 16명에 대해 기관통보했다고 밝혔다.

지난달 검찰은 업무상 의무 소홀로 화재가 발생해 막대한 인명피해를 낸 책임을 물어 손모(55) 이사장과 김모(38) 총무과장·소방안전관리자, 우모(59·여) 행정이사 등 3명을 구속기소했다.

또 당직·진료를 대신하는 대진의사에게 본인 이름으로 처방전을 작성하게 한 혐의(의료법 위반)로 석모(53) 병원장을 불구속 기소하고, 병원장 명의로 처방전을 작성한 대진의사 3명 등 6명을 벌금형으로 약식 기소했다.

이밖에도 밀양시보건소 전·현직 공무원 등 2명에 대해 병원 시설 점검 내용을 허위로 기재한 혐의로 불구속 기소했다.

경찰은 또 세종병원과 세종요양병원의 불법 건축물 이행강제금을 부과하지 않은 밀양시 건축과 공무원 3명과 해당 병원에 설치된 발전기 부실 점검 책임이 있는 밀양시 보건소 직원 13명 등에 대해서는 기관통보했다.

경찰은 수사과정에서 손모(55) 이사장이 영리목적으로 의료법인 효성의료재단을 불법 인수, 의사를 직접 고용해 환자유치 등 수익증대에 주력한 속칭 '사무장 병원' 운영 사실을 확인했다.

특히 이사장을 비롯한 병원 관계자들이 과밀 병상, 병원 증설 등으로 수익을 얻은 반면, 건축·소방·의료 등 환자의 안전 관련 부분은 부실한 관리로 대형 인명피해가 발생했다고 최종 결론 내렸다.

세종병원 화재로 사망한 사람은 총 46명이며, 부상자는 109명으로 최종 집계됐다.

경찰은 세종병원 화재원인이 26년간 전기배선 정밀점검을 하지 않은데다, 2차례에 걸친 전력증설과 난방기 과다사용에 따른 전력 과부하로 인한 전기합선으로 화재가 발생한 것으로 추정된다고 밝혔다.

　수사결과 ▲스프링클러 미설치, 방화문 철거 등 소방시설 미흡과 ▲용량미달 비상발전기 설치 ▲불법건축물 설치 ▲인력부족 ▲소방훈련 미흡 ▲무허가 의료인 고용 ▲과밀병상 운영 ▲수익 증대 위한 환자유치 치중 ▲감독기관의 부실한 관리감독 등 복합적인 원인이 드러났다.

　그러나 이 병원이 오랫동안 이러한 불법을 저지르고 있을 때, 이를 비호한 세력에 대한 수사는 접근조차 못하는 이유는 무엇일까. 불법건물을 보고도 눈감아주고 이병원으로부터 뇌물을 받아 챙긴 공무원, 언론인 경찰 검찰은 없을까. 왜 경찰과 검찰은 이에 대해 토착비리 차원에서 수사를 확대하지 못할까. 여기에는 비리의 카르텔이 광범위하게 작동한 건 아닐까.

　세종병원 참사 이후 대통령은 전국 종합병원에 대한 전수조사를 지시했다. 그러나 그 이후 전수조사에 대한 결과도, 이에 따른 어떠한 처벌도 이루어졌다는 보도를 나는 접해 보지 못했다.

　세월호에 대한 재조사와 진실규명이 늦어지는 이유가 정치권이 이러한 참사로부터 자유롭지 못해서 아닐까.
　대형 사고로 수십 명의 목숨이 희생돼도 책임자나 관련자에 대한 처벌은 경미하다. 안전불감증보다 더 무서운 게 부패, 불의에 대한 불감증이다.

인재에 의한 참사에는 반드시 부패의 그림자가 뒤따른다.

2부
언론·개혁만이 살길이다.

언론개혁, 현행법만으로도 가능하다.
법 대로만이라도 해라!

조선, 중앙, 동아 폐간을 위한 무기한 시민실천단
〈기자님 기자새끼〉 피소와 재판승소
2번의 대기 발령과 해고, 그리고 부당해고 판결
"뭘 각성해?"
왜 지방언론 개혁인가?

조선, 중앙, 동아 폐간을 위한 무기한 시민 실천단

나는 '조선일보, 중앙일보, 동아일보 폐간을 위한 무기한 시민실천단(이하 실천단)' 단원이다.

2021년 3월 26일 오후 2시.
서울 광화문 동아일보사 앞에서 언론화형식을 열었다.
우리 실천단 주도로 20여 개 단체가 참가한 이 화형식에서 나는 직접 준비한 적폐 언론사를 상징하는 소형 현수막에 불을 붙였다.
이날은 50년 전인 1971년 3월 26일 이 자리에서 주로 대학생들로 구성된 젊은 양심들이 언론화형식을 갖은 날이고, 바로 그 장소이다.

기자회견문에서 우리는 "이제 권력의 주구, 금력의 시녀가 되어버린 너 언론을 슬퍼하며 조국에 반역하고 민족의 부름에 거역한 너 언론을 민족에 대한 반역자, 조국에 대한 반역자로 규정하여 반세기의 찬연한 전통에 한을 남긴 채 전 민중의 이름으로 화형에 처

언론화형식은 가짜뉴스 허위 조작 날조 기사로 국민을 분열시키고 병들게한 적폐언론을 응징하기 위함이다.

저버린 약속

하려 한다"고 외쳤다.

　50년이 지난 오늘도 수구 적폐 언론은 외세와 분단세력의 주구, 금력의 시녀에서 벗어나지 못하고, 오히려 평화와 공존을 방해하는 분단의 기생세력임을 더욱 노골화하고 있으며 사주 언론 족벌 재벌 언론의 행패로 그 폐해는 날이 갈수록 심각해지고 있다.

　1971년 당시 젊은이들의 피 끓는 절규에 부끄러움을 느낀 양심적인 언론인들이 불의한 권력에 맞섰다. 간교한 사주 권력과 폭력적인 정치 권력은 이들을 거리로 내몰았고, 그 언론인들도 백발의 노구를 이끌고 이 자리에 섰다.

　이 땅의 적폐 언론들은 단 한 번도 진정한 언론자유를 위해 일어선 적이 없고, 오히려 자신들의 죄악상을 지적하고 폭로하려는 민족민주 세력을 음모와 술수로 모함하고, 가짜뉴스를 유포시키는 포악함을 노골화하고 있다.

　50년 전 이 자리에서 외쳤던 젊은이들의 뜨거운 가슴과 양심을 기억하며 쓰레기 언론들에 대한 화형식을 했다. 그들은 지금까지 지은 죄악에 반성이나 사죄는커녕 온갖 거짓을 동원에 편 가르기를 일삼고 있다.

　2021년 6월 24일.
　실천단은 패륜 집단 조선일보가 성매매 사건을 패러디해 조국 전 법무부 가족을 농락한 사건에 대해 항의하고, 또 조선일보의 패악질을 만천하에 알리기 위해 조선일보 본관 앞에서 긴급 기자회견을 열었다.

　기자회견이 끝날 무렵 나는 준비해간 계란을 '조선일보사'라고 쓴

> 조선일보 현판에 계란을 던진 것은 조중동 폐간을 원하는 간절함의 표현이고, 더 이상 적폐 언론에 국민이 현혹되지 말라는 뜻이 담겨 있다.

현판에 던졌다. 2개는 저지하는 사람들에 의해 흔들리는 바람에 빗나가고, 나머지 하나는 정확히 명중했다.

유튜브 여기저기 동영상이 올라왔다. 나는 조선일보에 의해 고소되거나 경찰에 의해 연행, 입건돼서 재판이라도 하고 싶었다.

재판과정에서 조중동의 '만행'을 제대로 까발리고 싶었다. 그러나 비겁하고 비열한 조선일보는 정면승부를 피했다.

나는 반민족 반민주 반통일 수구 적폐 범죄집단에 폭탄을 던지는 심정으로 계란을 던졌다.

신문이 만들어지자마자 계란판 제작 공장으로, 동남아로 팔려나

국가보안법 철폐와 미군철거는 그 궤를 같이한다. 또 이 투쟁은 대한민국이 자주 국가임을 선포하는 것이다. 그래서 평화협정운동본부는 매주 토요일 미 대사관 앞에서 "미군철거", "국가보안법 철폐"를 외친다. 반통일, 반민주, 친일부역, 민족반역, 수구적폐언론과 싸우는 우리 실천단은 평화협정운동본부와 목숨을 걸고 투쟁을 함께 한다.

제2부 언론, 개혁만이 살길이다.

가는 가짜뉴스의 진원지가 조선일보라는 것을 상징하는게 계란이 아닌가.

장준하(1918.8.27~1975.8.17).한국 언론인 겸 정치가.《사상계》를 창간했으며, 제7대 국회의원을 역임했다. '박정희 대통령에게 보내는 공개서한' 등을 통하여 박정희 정권에 맞섰고, 범민주세력의 통합에 힘썼으나 1975년 8월 17일 산에서 의문의 추락사한다.

강건일 선배는 2012년 홍수로 장준하의 묘가 유실되고, 유골을 수습하는 과정에서 타살 의혹이 제기된 이후 지금까지 10여 년간 매주 토요일 인천 동암역에서 '장준하 의문사 규명 촉구'서명 활동을 벌이고 있으며, 반미 반일 투쟁과 조, 중, 동 폐간 투쟁을 병행하고 있다.

실천단은 반민주 반민족 수구 적폐 세력과 싸우는 개인 및 단체와의 연대투쟁을 병행하고 있다.

미 점령군의 상징 맥아더 동상을 불 지른 이적 목사가 주도하는 평화협정운동본부가 매주 토요일 미국대사관 앞에서 여는 기도회가 대표적이다.

지금 대한민국은 미국의 식민지인가, 아닌가. 대한민국 국민에게 묻는다. 우리 국민은 그동안 태어나면서부터 국가보안법의 지배를 받았고, 20대 지성이 되면서부터 미군철수를 희망하고 주장한다. 이 땅이 과연 내 나라인가.

공수처 1호 수사대상이 된 조희연 서울시 교육감 사건에 대해 항의하기 위해 공수처를 상대로 시위를 하고, 매주 토요일 오후 인천 동암역에서 장준하 선생 암살 진상규명과 조, 중, 동 폐간을 외치는 강건일 선배가 주도하는 집회에도 연대한다.

최근에 불거져 급기야 민주당 의원들에 의해 고발까지 당한 유가 부수 조작사건은, 유가 부수를 근거로 책정되는 신문사에 대한 정부의 보조금이나 광고주로부터의 광고단가 등을 고려하면 노골적인 사기 행각이다. 이것은 국민의 혈세를 부당하게 빨아먹는 것이다.

실천단이 무기한으로 이들 적폐 언론의 폐간을 외치며 싸우는 이유이다.

이에 앞서, 실천단은 2021년 3월 5일 조선일보 창간 101년을 맞아 '반민족 반민주 사기 집단 조선일보는 즉각 폐간하라' 는 제목으로 성명서를 냈다.

성명서는 다음과 같다.

2021년 3월 5일은 조선일보가 일제의 비호 아래 흉악한 몰골을 드러낸 지 101년째 되는 날이다. 2020년 1월 1일부터 단 하루도 거르지 않고 폐간 투쟁을 펼쳐오고 있는 실천단은 오늘을 맞아 더욱더 뜨거운 투쟁의 의지를 다지게 된다. 더불어 언론자유와 정의를 외치시다가 해직이라는 고통에도 여전히 당당하게 서 계시는 분들의 눈물과 땀도 기억한다. 이와 함께 지금 조선일본의 기레기들이 겨워하는 언론자유에는 자신들의 땀이 단 한 방울도 없음도 잘 알고 있다. 그러기에 기레기들은 고귀한 피땀으로 얻은 언론자유를 함부로 휘두르며, 최악의 언론 신뢰도에도 한 점 부끄러움을 모르고 날뛰는 것이다.

조선일보의 실체는 '족벌 – 두 신문 이야기' 더욱 적나라하게 드러난다. 시키지 않아도 자랑스레 흑백신문에도 굳이 붉은 일장기를 제호 위에 고이 모신 파렴치함, 유리한 조건을 내세우며 폐간 거래에 나서고도 강제 폐간 운운하는 후안무치함이라는 태생적인 한계는 오늘날까지 고스란히 이어지고 있다. 박정희의 군사 쿠데타와 전두환의 불법적인 피비린내 나는 집권을 미화하며 아첨 경쟁을 하는 장면은 정상인으로는 도저히 눈 뜨고 볼 수 없는 대목이다.

반민주 선동, 근거 없는 가짜뉴스를 통한 불안 조성과 이간질은 오늘도 계속되고 있다. 검찰권에 대한 민주적인 견제를 노골적으로 깎아내리며 언론의 정상적인 기능을 포기한 지 오래다. 코로나 19라는 인류적 재앙을 이용하여 국민 분열과 불안을 확대 재생산하며, 백신에 대한 이현령비현령식의 갈지자 식 왜곡 보도는 그들의 일상이다.

자기들 수중에 돈만 챙길 수 있다면 국민의 생명 따위는 아랑곳하지 않음을 최근의 불법 집회에 대한 반복적인 광고를 통해 뼈저리게 확인할 수 있다.

외세 아부와 민족 분열의 죄악상은 또 어떤가. 남, 북 간의 화해와 공존을 통한 지속적인 발전과 상생은 어깃장을 놓고 미국과 일본의 이익에만 앞장서는 일에도 서슴지 않고 있다. 최근 미국의 정권 교체와 램지어 사태에 대해 보인 잇따른 조선일보의 보도 태도는 일제강점기에 조선총독부와 적극적인 공생을 도모하던 모습과 그대로 겹친다. 화해, 대화, 공생 등은 자신들의 배를 채울 꿍꿍이가 있을 때만 필요한 헛구호일 뿐이다. 최근 언론계를 통째로 흔들고 있는 신문 유료부수 조작사건이 조선일보의 목줄을 조이고 있다. 조선일보는 지난 2일 특수경제범죄 가중처벌법, 공정거래법 위반, 보조금법 위반, 업무방해, 공무집행 방해 등의 혐의로 고발되는 푸짐한 생일상을 받았다. 유가 부수 조작은 국민 혈세를 도둑질하고 공정이라는 자본주의의 근본을 무너뜨리는 극악한 범죄 행위이다. 그들이 기회만 있으면 입에 올리던 진실과 사실은 철저한 허위와 배반이었음을 극적으로 자복한 사건이다. 누구보다 정직하고 깨끗해야 할 언론사가 시정잡배보다 못한 사기꾼이라면 더는 존재할 이유가 없게 된다. 조선일보를 비롯한 이 땅의 썩은 언론의 실체에 절로 한숨이 나온다.

우리는 최근 백기완 선생님의 죽음을 진심으로 애통해하며 그분이 가시는 길을 고이 배웅해 드렸다. 시민 가슴마다 그분이 남기신 노나메기 정신을 새기게 되는 또 하나의 계기가 되었다. 비슷한 시기에 1등을 자처하는 신문 조선일보의 관련자가 여러 논란 끝에 사망했다. 그러나 우리는 그가 지금 어디에 묻혔는지에 대해 이런저런 소문만을

> 듣고 있을 뿐이다. 어떻게 살아야 할지를 가르치는 참으로 소중한 교훈이다.
>
> 　조선일보가 1920년 이래 고집스럽게 보여주는 자세는 분명하다. 그들은 민족이나 민주는 아예 관심이 없고 자신들의 배를 불리기만 하면 그만이다. 국민이나 독자는 그들이 언제라도 속여먹을 수 있는 어리석은 개돼지일 뿐이다. 진실과 정의 그리고 시민을 두려워한다면 어찌 배반과 분열 사기 행각을 이렇게도 뻔뻔하게 저지를 수 있단 말인가!
>
> 　입으로만 민족 정론지를 말하며 여전히 친일에 깊이 뿌리박고 분단에 기생하는 조선일보가 민족을 위해 바른 일을 할 수 있는 길은 단 하나다. 자신들의 죄를 낱낱이 고하고 당장 폐간하라. 오늘 바로 폐간하라. 지금 당장 폐간하라. 우리는 그날을 위해 뜻을 같이하는 시민들과 함께 끝까지 투쟁해 갈 것이다.
>
> 　　　　　　　　　　　　　　　　　　　　　2021년 3월 5일
> 　　　　　　　　　　　　　　조중동 폐간을 위한 무기한 시민실천단

　조선일보 창립 100주년이 되는 2020년 1월 1일 조선일보 앞 원표공원에서 '조.중.동 폐간을 위한 무기한 시민실천단'은 본격 시위에 돌입해 2021년 11월 현재까지 단 하루도 빼놓지 않고 투쟁하고 있다.

　원표공원은 서울의 도로 원표를 표시하는 공원이다.

"지방언론이 개혁되지 않으면 나라가 망한다"는 소신으로 경인일보 회장인 적폐 이길여와 긴긴 세월 싸워온 나는 확신한다.

　원표공원을 중심으로 조.중.동 폐간을 외치는 우리 실천단이 적폐

언론을 청산하는 언론개혁의 '좌표'가 될 것임을….

2020년 1월 1일 실천단이 출범해 본격적으로 '조. 중. 동 폐간'을 외치기 시작한 초창기만 해도 시민들의 반응은 뜨겁지 않았으나, 현 시점에서는 이곳 원표공원을 오가며 열렬하게 지지하고 호응하는 시민들이 제법 많다.

실천단은 조선일보가 유로부수 조작으로 공정거래법 위반, 보조금법 위반 등의 혐의로 고발된 것을 계기로 원표공원에 "부수조작 국민사기 조선일보 방상훈을 구속하라"는 대형 현수막을 내걸고, 또 "부수조작 국민사기 조선일보 폐간하고 방상훈을 구속하라" 피켓을 제작해 광화문 일대를 돌며 시민과 지나는 차량을 상대로 홍보 선전전을 펼치고 있다.

특히 점심시간을 전후해서 몰려드는 시민을 상대로 4거리에서 펼치는 홍보 선전전에 대한 시민들의 반응이 뜨겁다.

어떤 시민은 거리에서 피켓을 든 우리 실천단 단원에게 음료수를 건네며 응원하고, 어떤 시민은 엄지를 치켜세워 지지를 표한다.

또 지나는 차량들을 향해 피켓을 높이 쳐든 우리 실천단 단원에게 경적을 울리거나 차창 밖으로 얼굴을 내밀며 환호하는 시민들도 부지기수다. 이제 시민들도 적폐 언론이 수십 년간 저지른 민족반역 친일부역 미제찬양 등의 역사적 행태를 많이 인지하고 있음을 보여주고 있음이리라.

'조선. 동아 거짓과 배신의 100년 청산 시민행동'은 2020년 〈조선. 동아 거짓과 배신의 100년 최악보도 100선〉 책자를 발간했다.

이 책은 발간사에서 "거리로 내쫓긴 동아일보와 조선일보의 '자유언론 기자'들이 동아자유언론수호투쟁위원회와 조선자유언론수호투쟁위원회를 발족한 지도 올해로 45년 째다. 저들이 창간 100년, 우리의 발족 45년이라면 이제는 그 자체로 하나의 역사다. 동아. 조선은 그들의 1975년 대량해직 폭거에 아직 아무런 사과를 내놓지 않고 있다.

하물며 그들의 친일 반민족 독재 부역에 대해서야 두말할 나위도 없다. 우리는 그들이 모든 것을 잘못했다고 주장하지는 않는다. 그래도 우리 민족이, 시민이 외세의 압제로 수난을 겪고 있을 때 일제의 주구 노릇을 했던 역사와, 군사독재가 기승을 부릴 때 독재자에게 찬양과 아부를 일삼은 행적에 대해서는 반드시 사죄해야 한다. 그렇지않고서는 우리 사회를 대표하는 언론으로 감히 행세해선 안 될 것이다"라고 적었다.

이들이 선정한 최악보도 100선 중, 특히 최악 중의 최악, 패악 20 보도를 따로 선정해 표시했다.

20선은 ▲'천황'을 신처럼 떠받들며 온갖 아첨 ▲김성수의 친일행각 ▲조선일보의 일본 왕실에 대한 찬양과 아부 ▲조선의 젊은이를 죽음의 전쟁터로 내몬 조선일보 ▲강제 폐간이 아닌 일본 국책에 '순응'한 폐간 ▲조선일보 사장 방응모의 친일 행위 ▲동아일보 복간, 친일부역 사죄는 없었다. 친일 덮기 위해 반공 앞세워 한민당 창당 ▲일제하 반민족 행위에 한 마디 사과도 하지 않은 조선일보 복간사 ▲동아의 모스크바 삼상회의'가짜뉴스' ▲5. 16구데타를 '축복' '구국의 길'로 칭송 ▲박정희 3선 개헌 옹호, 장기집권으로 가는 길 터줘 ▲민주주의 암흑기 유신체제, 독재자의 가장 가까운 두 동반자 ▲동아. 조선일보의 민주 기자. PD 대량 강제해직-'동투' '조투'의 탄생 ▲군부독재의 친위대 조선과 동아 ▲안보 장사와 가짜뉴스의 산실 조선일보:'평화의 댐' 허위보도 ▲한국판 드레퓌스:조선의 천인공노할 유서대필 의혹 조장 ▲민족 분열과 갈등 조장 보도 ▲

이명박 대통령 만들기 ▲미디어악법 통과 공범 아닌 주범 ▲박근혜 대통령 만들기와 지키기 ▲세월호 유족 모독과 진실규명 방해 등이다.

 이처럼 조선일보와 동아일보의 반민족 반민주 친일부역 민족반역 행위는 그 제목만 봐도 소름이 돋을 정도이며, 이들의 이러한 보도 행태가 지난 100년간 온 국민의 영혼마저 피폐하게 했다는데 분노를 금할 수 없다.

 따라서 '조. 중. 동 폐간을 위한 무기한 시민실천단'은 이 세 신문과 이들이 만든 종편이 폐간, 폐방되는 그날까지 끊임없이 투쟁할 것이다.

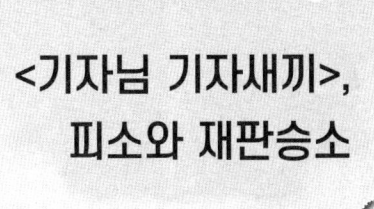

사건: 서울고등법원 2012나 50362 손해배상(기)
    수원지방법원 2011가합10887 손해배상(기)

    2009년 1월 31일 첫 번째 대기발령을 받고, 복귀해 지역사회부에 한 4개월을 근무한 뒤 양평으로 발령받았다. 경기도 양평은 그 지역 연고가 없는 사람에게는 유배지나 다름없다. 회사를 그만두라는 말이나 마찬가지이다.
    충분히 예상했다. 사장은 한 번 찍으면 용서가 없다. 자신이 그 수많은 사람에게 상처 준 것은 생각지 않고, 사기 심기를 건드렸다고 생각되는 사람은 끝까지 괴롭힌다.
    사장의 인사에 대해 아무 대응 안했다. 칼을 쥔 자가 사장인데 내가 반발한다고 변하는 것은 없다. 갑자기 당한 일이라 대응할 방안도 없었고, 회사를 그만둔다고 해서 당장 먹고살 방법도 없다. 막막함 그대로 받아들였다.

    언제가 될지 모르지만 기자 생활을 정리하면서 "지방언론이 개혁되지 않으면 나라가 망한다"는 신념이 담긴 책을 한 권 내야겠다는 생각이 들었다. 지방언론은 지역 적폐, 비리 카르텔의 정점이다. 이 비리 카르텔을 깨부수지 않으면 지방자치 발전도 없고, 올바른 분배도 불가능하다.

회사가 의도적으로 한 주재 기자를 괴롭히는 방법은 출퇴근을 체크 하는 것이다. 직전에 내가 주재 기자로 근무하던 경기도 시흥시의 경우 수원 집에서 가까워 자가용으로 일찍 출근할 수 있는 여건이 돼서 괜찮았지만, 양평의 경우는 거리 자체가 다르다.

그래서 "출근을 몇 시에 했네", "평일에 수원에서 봤네"하며 어떻게 해서라도 근무 태도가 불성실하다고 낙인찍고, 또 이를 근거로 찍어낼 방법만 찾으려 할 것이 불 보듯 뻔한 일이라 이런저런 구설수, 즉 회사가 만들어내는 각종 음해에 시달리지 않기 위해 숙소 겸 사무실을 얻었다.

2010년 한 해 틈틈이 〈기자님 기자새끼〉를 집필했다. 사실은 원고가 완성될 시점인 2010년 9월쯤 책을 발간하려 했다. 현직에서 지방 언론의 문제를 정면으로 제기하고 싶었다.

원고를 출판사에 넘긴 것이 2011년 1월 18일 대기발령, 같은 해 3월 해고되는 과정에서 넘겼다. 이렇게 장기간에 걸쳐 집필하고, 출간한 책을 회사는 이후 재판과정과 수사 과정에서 '해고에 앙심을 품고 보복을 목적'으로 책을 출간한 것이라고 끈질기게 공격을 한다. 나는 천재도 아니고, 글을 그렇게 빨리 쓸 정도로 능력이 있는 사람도 아니다.

해고된 이후 〈기자님 기자새끼〉가 발간됐고, 회사는 나를 '출판물에 의한 명예훼손 혐의'로 형사고소와 함께 3억 원의 손해배상청구

'기자님 기자새끼' 펴낸 이석삼씨

이석삼씨

20년 넘게 지역언론사 기자로 일했던 이석삼(50·사진·전 <경인일보> 기자)씨가 18일 고단한 일상과 지역언론의 뜨악한 속살을 파헤친 <기자님 기자새끼>(고려글방)를 펴냈다.그는 경기 양평 주재기자로 일하던 당시 "숙소 겸 사무실에서 혼자서 자다 차라리 죽고 싶다는 생각을 한 두번 한 게 아니었지만 두 아이들 때문에 버텼다"고 했다. 영세하지만 지역언론인으로 남다른 자부심을 갖고 청춘을 바친 그를 죽음의 문턱까지 몰아간 것은 무엇일까?

우선 기자에게 광고 수주와 신문값(지대) 수금 업무를 부담시키는 지역언론사의 구조가 문제라고 했다. 시·군지역 주재로 일할 때 2007년 이후에만 4억원어치의 광고를 수주했다는 그는 "2009년 뒤에는 그나마 광고 실적에 따른 수수료를 '미수금이 많다'는 이유로 1년이 넘도록 한 푼도 주지 않아 아내 몰래 수천만원을 대출해 살았다"고 털어놨다. 또 회사에서 일방적으로 850부 이상을 유지하라고 지시하고는, 유가부수 300부 외에 나머지 무가지 550부에 대한 신문값을 주재 기자에게 부담시키기도 했다.'지역발전에 이바지하고 회사에 충실하겠다'는 그의 다짐은 근무지가 바뀔 때마다 '바람 앞의 촛불'처럼 흔들렸다. 2007년에 이어 지난 1월 '지대 미수금 미해결'을 이유로 두번째 대기발령을 받았던 그는 최근 끝내 자동 면직됐다."광고와 판매는 물론 회사 이벤트 행사의 티켓 판매원 등으로 내몰리다 보니 공무원들이 앞에서는 '기자님' 하지만, 뒤로 돌아서면 '기자 새끼'라고들 했다"며 "그때마다 가슴이 찢어졌다"고 말했다.자식과 후배들에게 당당한 '아빠'이고 '선배'이고 싶어 책을 냈다는 이씨는 "정론직필의 기자로 살려고 몸부림치는 많은 지역언론인들이 희망을 지닐 수 있도록 언론 환경이 바뀌는 계기가 됐으면 한다"고 말했다. 수원/홍용덕 기자 ydhong@hani.co.kr

원문보기:
https://www.hani.co.kr/arti/society/media/479035.html#csidx903ee84855549a1ac702bcd13c56a91

> '매출에 꺾인 붓' 정론직필에 청춘 바쳤건만.
> 2011년 <기자님 기자 새끼>를 출간했을 때 <한겨레>에서 책을 소개하는 기사를 내보냈다. '매출에 꺾인 붓'은 지금도 전국의 많은 언론 노동자에게 해당하는 말 같아 씁쓸하다. 10년이 지난 지금도 언론환경은 별반 개선된 점이 없는 거 같다.

소송을 제기했다.

제2부 언론, 개혁만이 살길이다.

여기서 주목해야 할 부분이 손해배상청구소송이다.

대부분은 형사고소 후 그 결과를 보고 손해배상청구소송 여부를 판단하는 것이 일반상식 아니겠는가. 이 방식이야말로 부패 기득권들이 노동자를 탄압하고 죽이는 방법으로 잔악하게 써먹는 방법 아닌가.

노동조합이 파업하면 회사는 노동자를 해고한 뒤 일단 업무방해 혐의 등으로 고발을 하고, 동시에 손해배상청구소송을 해서 경제적으로 노동자의 숨통을 옥죄인다. 때문에, 이를 견디지 못해 극단적인 선택을 하는 노동자가 늘어나는 것이다.

이게 대한민국의 노동자를 탄압하는 공식이다. 나의 경우와 별반 다르지 않다.

이 글을 쓰는 2021년 2월 7일 낮 12시 서울에 입성한 해고노동자 김진숙이 청와대를 향하고 있다.

그는 암투병 중이다. 그의 손에는 "'노동존중 사회'는 어디로 갔습니까?"라는 글귀가 적힌 부채가 들려있다. 김진숙은 지금 우리 사회의 노동자 현실을 그대로 나타내는 '지표'이다.

김진숙은 한때 민주화 동지였던 문재인 대통령에게 2020년 10월 노동자들의 열악한 노동환경을 알리고 자신의 복직을 촉구하는 편지를 썼다. 답이 없었다. 그래서 옛날 김진숙의 해고가 부당하다고 말했던 문재인 대통령에게 답을 듣고자 부산서 청와대까지 걸었다. 수많은 사람이 김진숙과 뜻을 같이했고, 그를 응원했다.

이쯤 되면 사람 문재인은 존경받을 만큼 훌륭할진 몰라도 대통령으로서 문재인은 비겁한 게 맞다. 왜냐하면, 우리 국민이 촛불 혁명을 통해 그를 대통령으로 만들었고, 각종 선거 때마다 그를 전폭적으로 지지해 그야말로 "대통령, 당신 하고싶은 거 다해!"라고 판을 깔아줬는데 하지 않는 일이 너무 많기 때문이다.

그래서 내가 노동자와 사회적 약자, 상대적 약자에게 희망을 주기 위해, 해고된 뒤 온갖 고난을 이겨내고 부당해고 판결을 받고 복직됐다는 것을 알리는 이유이기도 하다.

2013년 5월 24일 오전.

이날은 2011년 경인일보가 내가 출간한 〈기자님 기자새끼〉에 대해 '출판물에 의한 명예훼손' 혐의로 제기한 형사고발이 무혐의로 종결된 데 이어, 손해배상청구소송에 대해 서울고등법원 최종 판결이 있는 날이다.

내 변호인은 다른 곳에 재판이 있어 가고, 나는 떨리기도 하고 극도로 긴장되기도 해 법정에 나가 보지 못하고 변호사 사무실에서 법정에 나간 사무실 직원의 연락만 기다리고 있었다.

바로 직전 마지막 변론에서는 증인을 심문했다. 이 재판이 자신들에게 불리하게 돌아간다는 것을 감지했는지 회사 사장은 자신에게도 아들 같은 후배고, 나에게도 아들 같은 후배인, 회사 동료 기자이면서 우리와 같은 고등학교 출신인 회사 소속 현직기자를 증인으로 내세웠다.

재판장이 원고 측 변호인과 피고 측인 내 변호인에게 증인을 심문하도록 한 뒤 마지막으로 "피고도 할 말이 있으면 증인에게 물어보세요" 하는 것이다.

증인을 심문하는 대신 재판장에게 한마디 했다.

"존경하는 재판장님!

나는 이 재판에서 저 증인의 증언이 차지하는 비중이 얼마나 큰지 잘 모릅니다. 그리고 설사 저 증인의 증언으로 인해 이 재판에서 내가 진다 하더라도 저는 증인을 심문하지 않겠습니다. 왜냐하면, 법보다 앞서는 게 천륜이고 인륜입니다. 재판정에서 원고와 피고 측에 자식 같은 학교 후배 증인을 세워놓고 서로 옳고 그름을 따지는 자체가 있을 수 없는 노릇이라 생각하기 때문입니다. 다만, 그동안 주고받은 준비서면을 통한 공방을 보시고 재판장님께서 현명하신 판단을 내릴 것이라 믿습니다."

지금 생각해 봐도 그 당시 나에게 어떻게 그런 용기 있는 발언을 할 수 있었는지 참으로 대단하다는 생각이 든다.

주문
1. 원고의 항소를 기각한다.
2. 항소비용은 원고가 부담한다.

이 두 줄의 판결을 받아내고자 매일매일 순간순간 삶과 죽음을 넘나들었다.

이 땅의 많은 언론사 기자들이 직간접적으로 회사 매출에 내몰리고 있고, 그 매출실적에 따라 평가받고 있는 것이 사실일 진데 어찌 기자 본연의 사명인 직필 정론을 지킬 수 있을까.

〈기자님 기자 새끼〉는 이러한 언론사와 언론인의 현 상황을 적나라하게 세상에 드러낸 것이다. 그러나 안타깝게 이 책이 발간된 지

10년이 지난 지금도 언론 현실과 나의 형편은 그리 많이 변한 거 같지가 않다.

〈기자님 기자새끼〉에서 경인일보 측이 명예훼손을 당했다고 주장하는 부분은

　1) 노조위원장 퇴진 관련 내용(13쪽 13~17행)
　2) 대기발령 내용(징계사유와 징계절차. 19쪽 6~9행, 19쪽 20~22행)
　3) 대표이사 아들 입사 관련 내용(22쪽 14~15행)
　4) 사장의 수수료 수령 관련 내용(19쪽 10~11행)
　5) 인사시스템 관련 내용(21쪽 23행~22쪽 6행)
　6) 승진과 향응 관련 내용(22쪽 21~24행)
　7) 지방선거 관련 보도 내용(79쪽 12~21행)
　8) 발행부수 관련 내용(20쪽 6~7행)
　9) 퇴직금 중간 정산 관련 내용(37쪽 5~8행)
　10) 허위세금계산서 관련 내용(41쪽 11~15행)
　11) 디너쇼 티켓 판매 관련 내용.
　　가) 대표이사의 수수료(47쪽 7~9행),
　　나) 일반 직원 수수료(100쪽 6~20행)
　12) 노동부 제소 관련 내용(101쪽 23~26행) 등으로 각 항목의 제목만 봐도 지방언론이 어떻게 운영되고, 지방언론 기자들이 어떤 상황에서 근무하고 있는지 추론이 가능할 것으로 보인다.

특히 내가 이 판결문 중에서 주목한 부분은 판결문 15쪽의 2)공

익성이다.

　재판부는 이렇게 적시하고 있다.

　"전국단위의 신문사나 방송사가 각 지방 고유의 현안들을 모두 다룰 수 없기 때문에 헌법에 규정된 지방자치제도의 유지. 발전을 위해서는 위와 같은 현안들에 집중할 수 있는 지방언론의 건전성 보장 및 활성화가 필요하다 할 것이므로 피고의 위 적시 내용들은 공공의 이해에 관한 것이라 할 것이고........, 피고는 지방언론이 제대로 서야 지역이 제대로 발전할 수 있다는 문제의식 아래 자신의 지방언론사 기자생활의 경험을 바탕으로 지방언론사의 잘못된 관행, 문제점 등을 지적하고자 이 사건 책자를 발간한 것으로 보이므로, 설사 원고로부터 징계 및 면직처분을 받은데 대한 보복이라는 목적이나 동기가 내포되어 있다 하더라도 이는 위에서 언급한 피고의 주된 목적 내지 동기에 비하면 부수적인 것에 불과하다 할 것이어서, 결국 피고의 위 각 표현 내용들은 그 목적이 오로지 공공의 이익을 위한 것이라고 볼 수 있다."

　"헌법에 규정된 지방자치제도의 유지. 발전을 위해서는 ...... 지방언론의 건전성 보장 및 활성화가 필요하다 할 것이므로…"

　"지방언론이 개혁되지 않으면 나라가 망한다."는 내 신념은 그래서 지금도 여전히 유효하다.

2번의 대기 발령과 해고, 그리고 부당해고 판결

사건: 2012누 31238 부당대기발령 및 부당해고 구제재심판정취소(서울고등법원)
제 1심판결: 서울행정법원 2012.9.18. 선고 2011구합 37015 판결

내가 두 번째 대기 발령을 받고 2개월이 지나 자동면직 된 것이 2011년 1월 18일과 같은 해 3월 18일이다.

내가 해고돼서 힘들고 어렵게 싸움을 시작하던 이즈음은 이명박 박근혜 정권으로 이어지는 노동자 탄압이 극에 달했던 시기이다.

부산 한진중공업 해고노동자 김진숙이 크레인에 올라가 농성을 벌여 전 국민이 그를 응원하는 '희망버스'를 끌이냈고, 쌍용자동차 평택공장 앞에는 '정리해고 철회'를 외치며 농성을 벌이고 있는 쌍용차 해고노동자들을 지지하고 응원하고 연대하기 위한 '희망텐트촌'이 만들어졌다.

10여 년이 지난 지금도, 노동인권 변호사 출신이 대통령 자리에 앉아있는 지금도 김진숙은 여전히 복직이 안 된 '해고노동자' 신분이다.

30명이 해고노동자가 죽어 나간 쌍용자동차 노사도 비록 2018년 복직에 합의하고, 국가폭력에 의한 노동자 탄압의 상징 대한문 분

향소가 철거됐지만, 여전히 미완성이다.

나는 이즈음 해고언론인의 신분으로 쌍용자동차 평택공장에 내가 쓴 〈기자님 기자새끼〉를 몇 권 들고 그들을 격려하고 힘을 실어주기 위해 찾아갔다.

그때 쌍용차 노조 간부가 나에게 했던 말이 지금도 생생하게 기억난다.

"우리는 조합원이 많고, 또 전국각지에서 연대하는 분들이 많아 외롭진 않습니다. 기자님은 혼자라서 얼마나 힘들고 외롭습니까?. 힘내서서 끝까지 싸워 이깁시다."고 말하며 오히려 나를 격려했다.

나는 그 텐트 안에 있던 해고노동자들에게 당부했다. "무슨 일이 있어도, 비록 생활고에 시달린다 해도 제발 죽지만 말고 견디고 이겨내자"고 호소했다. 그러나 이 당부도 무색하게 쌍용차 해고노동자들의 죽음은 그 이후 30여 명으로 늘어났다.

나는 이 자리에서 나 자신에게 약속했다.

"반드시 이겨서, 아니 살아서 돌아간다"고.

그래서 남들이 '계란으로 바위치기', '다윗과 골리앗 싸움'이라고, 이기기 불가능한 싸움이라고 비관적으로 바라볼지라도 반드시 이기고 복직을 해서 여전히 탄압받고 있는 노동자들에게 희망과 용기를 주겠다고….

> 2013년 6월 5일 서울고등법원 제6행정부 법정
> 주문 1. 피고의 항소를 기각한다.
> 2. 항소비용 중 보조참가로 인한 부분은 피고 보조참가인이, 나머지

> 는 피고가 부담한다.

　판사가 이 주문을 읽어 내려가는 순간 나와 변호사 사무실 직원은 부여안고 환호했다.
　노동자가 중앙노동위원회에서 패하면 행정심판 소송, 즉 행정법원으로 가서 정식 소송을 하게 되는데, 이때부터는 싸움의 대상이 정부 기관인 중앙노동위원회가 된다.
　재판해 본 사람이라면 알겠지만, 정부 기관을 상대로 법정 싸움을 해서 이기는 것이 얼마나 힘든 것인지 알 것이다.
　고등법원 결심 공판이 있던 이 날도, 내 사건에 앞서 판결한 사건 4건이 지자체와 공기업 등을 상대로 개인이 제기한 소송이었는데 모두 패소하는 것을 보았다.
　그만큼 개인이 정부 기관을 상대로 소송을 제기하는 것이 얼마나 어려운 것인가를 보여주는 것이다.

　경인일보가 나를 해고한 주된 이유가 주재 기자에게 일방적으로 부담시키는 지대를 제때 지불치 않은 것 때문이라는 단순한 것이었다.
　그런 불합리한 이유로 해고를 당했지만, 이 해고 때문에, 이 해고를 이겨내고 부당해고 판결을 이끌어 내기까지 내가 당한 물질적, 심적, 육체적 고통은 그야말로 '죽음' 그 자체였다.
　판결서는 "원고가 지방신문사의 주재 기자라 할지라도, 신문대금 납부나 신문판매 부수확장 업무 등은 원고가 그와는 별도의 지위에서 참가인과 맺은 지사 계약에 따른 업무일 뿐이어서 이를 주재

기자의 주된 업무로 볼 수 없고"라고 못 박았다.

이 대목이 중요한 이유는 이 판결 이후 대한민국의 중앙언론이나 지방언론사가 기자들에게 광고, 판매 등의 업무를 강요할 법적 근거가 없다는 것이다.

지금도 수많은 언론사의 기자들이 언론사의 매출 신장에 내몰리고 있다.

이 때문에 직필정론을 통한 언론사 본연의 견제와 감시라는 기능을 상실하고, 회사 매출업무 대상인 자본 혹은 기관에 종속되는, 그래서 국가의 균형 발전이나 상대적 약자, 사회적 약자를 보호하는 역할을 스스로 저버리는 언론으로 전락하고 말았다는 것이다.

이 판결문 전문을 지금 이 순간에도 회유 협박 탄압을 받는 사회적 약자, 상대적 약자, 특히 매출업무에 내몰리고 있는 언론노동자에 바친다.

-판결서 주요 내용-

1. 피고의 항소를 기각한다.
2. 항소비용 중 보조참가로 인한 부분은 피고 보조참가인이, 나머지는 피고가 부담한다.

청구취지 및 항소취지

1. 청구취지

중앙노동위원회가 2011. 9. 29. 원고와 피고 보조참가인 사이의 중앙 2011부해581 부당 대기 발령 및 부당해고 구제 재심신청 사건에 관하여 한 재심판정을 취소한다.

2. 항소취지

제1심판결 중 피고 패소 부분을 취소하고, 이 부분에 대한 원고의 청구를 기각한다.

……따른 신문대금 납부, 신문판매 부수 확장 업무 등은 원고의 주된 업무로 보아야 하는데, ② 원고는 대기 발령 기간 중에도 신문대금 미수금 등을 해결하기 위한 어떠한 노력도 하지 않았고, ③ 오히려 참가인을 비방하는 글을 게시하는 등으로 결국 원고와 참가인 사이에 민사소송까지 제기된 점에 비추어 볼 때 원고와 참가인 사이에 근로관계를 지속하기 어려운 정도로 신뢰 관계가 훼손된 것으로 보아야 한다고 주장한다. 그러나 제1심판결 이유에서 적절히 판시하는 바와 같이 ① 원고가 지방신문사의 주재 기자라 할지라도, 신문대금 납부나 신문판매 부수 확장 업무 등은 원고가 그와는 별도의 지위에서 참가인과 맺은 지사 계약에 따른 업무일 뿐이어서 이를 주재기자의 주된업무로 볼 수는 없고, ② 원고가 참가인에 대하여 부담하는 지대 미수금 등은 700여만원에 불과할 뿐 아니라(참가인은 그 외에도 광고료 채무 1억 3,000만 원이 더 있다고 주장하나, 피고와 참가인이 제출하는 증거만으로는 이를 인정하기 부족하고 달리 이를 인정할 충분한 증거가 없다), 이는 원고가 참가인과의 근로계약에 따라 부담하는 채무가 아니라 그와는 별도로 지사계약 상의 연대보증인으로서 부담하는 채무이며,

③ 원고가 2011. 1. 19. 참가인의 전산망에 '자신이 수주한 각종 업무에 대한 수수료는 현금으로 받아 챙기는 부도덕한 경영진의 행태는 어떻게 해야하는 것인지 묻지 않을 수 없습니다'라는 글을 게시한 것은 전날 위와 같은 미수금 과다 등을 이유로 참가인이 원고를 대기발령하자 그 억울함을 호소하는 과정에서 행한 것으로서 동기에 참작할 점이 있고 그 내용 역시 비방의 정도가 중하다고 보기는 어려우며, 한편 원고가 〈기자님 기자새끼〉라는 책을 출판한 것은 참가인이 2011. 3. 18. 원고를 면직한 이후인 2011. 5.
......

14. 비로소 이루어진 것이어서 면직 사유로 삼을 수 없는 점 등에 비추어 볼 때 피고가 들고 있는 사유만으로 대기 발령 당시에 이미 사회통념상 원고와 참가인 사이에 고용관계를 계속할 수 없을 정도의 사유가 존재하였다거나 혹은 대기발령 기간 중에 그와 같은 해고 사유가 확정되었다고 단정하기 어렵고 달리 그와 같이 볼 자료가 없다. 그 외 참가인은 이 사건 면직사유에 원고의 기사 송고 및 게재 실적 불량도 포함되어 있었고, 여기에 과거 원고가 참가인으로부터 불이익 처분을 받은 전력이 있는 점등도 감안되어야 한다고 주장한다. 그러나 갑 제2호증의 기재에 의하면, 이러한 내용은 피고가 이 사건 재심판정을 하면서 이 사건 대기발령이나 면직처분의 정당성을 뒷받침하는 사유로 삼는 바 없음이 인정된다. 따라서 이러한 사유를 이 사건 재심판정의 적법 사유로 주장하는 것은 처분 사유의 위법한 추가, 변경에 해당하여 허용될 수 없다.
피고 및 참가인의 주장을 받아들일 수 없다. 피고의 항소를 기각한다.

그런데…

어찌할꼬.

지금 이 순간에도 1천만 비정규직 노동자의 고통과 신음은 계속되고, 국정농단의 한 축이자 노동자 탄압의 상징 삼성 이재용은 가석방 되고….

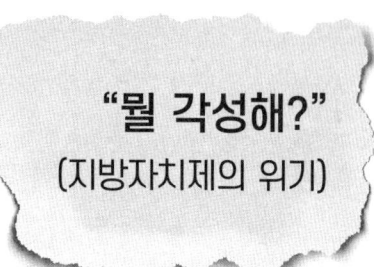

"뭘 각성해?"
(지방자치제의 위기)

정치인은 표를 먹고 사는 사람이다.

동시에 욕도 먹고 산다.

따라서 정치인은 유권자들로부터 표도 잘 받아야 하지만, 욕도 흔쾌히 잘 들어야 한다.

이를테면 표를 돈 주고 산다든가, 불법 선거운동을 통해 표를 부당하게 받으면 당선무효 될 수 있기 때문이다.

정치인은 제아무리 신망이 두텁고 능력이 있고, 지지하는 유권자가 많더라도 지지율 50%를 넘기기 쉽지 않은 게 사실이다. 그 나머지 유권자는 반대하거나, 반대를 넘어 욕까지 할 수 있다는 것을 인정해야 한다.

당선된 후가 더 중요하다.

당선된 후에는 선거운동 기간 중 자신을 지지했던 사람들도 그가 펼치는 정책 사안 사안을 두고 비판도 하고 비난도 하고, 모욕도 하고, 인신공격도 한다. 그렇다고 그 반대하는 사람들이 민중이 아닌 것도 아니고 국민이 아닌 것도 아니다.

그래서 일단 당선이 되면 시민 전체를 위한 시정, 국민 전체를 위한 국정을 펼쳐야 한다는 것이다. 그것이 공정 공평의 출발선이다.

토착 비리, 지역 적폐에 매몰된 지방자치 어찌할 것인가.

'시민이 시장이다'는 구호를 버젓이 내걸고 시정의 의사결정 구조에 정작 시민의 의견은 철저히 무시되고 있는, 민주주의 꽃 지방자치가 변질되고 왜곡된 현장.

인천시가 우리나라 지자체 도입 25년 만에 민주주의 꽃이라고 하는 지방자치제 자체를 위협하는 행태를 합법을 가장해 불법, 불의를 서슴지 않고 자행하고 있다.

25세란 나이는 성인을 말하는 것이다. 그런데 그 성숙할만한 나이에 이른 인천시의 지방자치제는 무능하고 도덕 불감증 범죄 불감증의 선출직으로 인해 합법을 가장해 국민의 혈세를 하염없이 낭비하고 있다. 이로 인해 지자체가 한계를 드러냈는기 하는 의구심과 함께, 당대가 아닌 후대에 무거운 숙제를 넘겨야 하는가 하는 회의가 밀려온다.

'인천시의 주민참여 예산제 민간위탁!'

인천시의 주민참여예산 민간위탁은 박남춘 시정부가 들어서면서부터 특정 단체에 몰아 준, 아니 특정 단체가 시민의 혈세를 마음대로 요리해 자신들이 착복을 목적으로 주도한 의혹을 살 뿐만 아니라 일부 불법 탈법 사실이 국정감사에서 지적된 바 있고 그 불법 탈법 의혹이 곳곳에서 추가로 드러나고 있다.

'인천참언론시민연합'이 노숙농성 10일 차에 낸 기자회견문을 살펴보면 인천시 주민참여예산 민간위탁을 반대하는 이유를 알 수 있다.

【인천시청 본관 앞 철야농성 10일차 / 인천참언론시민연합 기자회견문】

인천시는 주민참여예산지원센터(이하 '지원센터') 민간 재위탁을 즉각 취소하고 직영하라!
- 시민들의 이익이나 세금은 안중에 없고, 특정 시민단체에 끌려다니는 박남춘 시장을 규탄한다.

인천시는 2019년 말부터 민간 재위탁을 하지 않을 것처럼 참언론을 기만해 왔다.

참언론은 지난 2019년부터 인천시 주민참여예산제 운영의 문제점을 밝혀내고 시정을 요구해 왔다. 인천시는 시 조례에 근거해 봐도 주민참여예산제 운영 실태를 낱낱이 공개해야 함에도 불구하고, 초기부터 은폐하기 급급해 왔다. 하지만 언제까지 그 불법 탈법과 문제점을 감출 수 없었다. 여론의 압력에 굴복해 예산담당관실에서 자체 감사를 하지 않을 수 없는 상황에 처했고, 봐주기식이었지만 징계를 하지 않을 수 없었다. 나아가 2019년 인천시 국정감사에서도 의원들의 질타를 받았다. 그 직후 인천시 고위 관계자는 참언론 대표단에게 "위탁 취소를 하게 되면 역소송에 휘말릴 가능성이 있다는 법률팀의 자문을 받았다. 계약이 2020년 말에 종료된다. 그때 적극적으로 검토하겠다"며 사실상 지원센터를 더 이상 민간위탁 않겠다는 의미로 얘기를

했다.

기습적으로 민간 재위탁을 통보한 인천시, 인천참언론과 시민단체들은 분노한다.

2020년 8월부터 참언론은 기자회견과 1인 시위, 그리고 행정부시장과 간담회 등을 통해 인천시에 민간위탁을 하지 말 것을 다시 한번 촉구해 왔다. 2021년 예산안 수립이 거의 마무리된 10월 초까지도 인천시 관계자는 "아직 결정된 바가 없다, 두 가지 방안을 놓고 검토 중"이라는 말로 참언론을 안심시켜 왔다.

10월 말인 지난 26일, 더이상 기다릴 수 없다는 판단 아래 참언론 대표단은 인천시장실로 직접 찾아갔다. 박남춘시장은 만날 수 없었고 대신 기조실장을 만났고, 이틀 후 행정부시장을 만났다. 바로 그 자리에서 인천시는 지원센터를 다시 민간위탁하겠다고 사실상 '참언론'에 통보했다. 그 사유로 제도 안정성, 민관협력, 직영운영 한계 등을 민간 재위탁 근거로 들고 있다.

전국 광역 단체 중 유일하게 민간위탁으로 운영해 왔는데, 다시 재위탁하려는 인천시.

지금 전국 모든 광역 단체 중 민간위탁 방식으로 주민참여예산제를 운영하는 곳은 인천시밖에 없다. 그렇다면 다른 광역 시도는 제도의 안정성과 민관협력을 중시하지 않아서 민간위탁을 하지 않는다는 말인가. 또 직영운영의 한계라고 하는데 어처구니없다. 박남춘시장은 주민참여예산을 대표적인 공약으로 떠들어왔다. 그런데 특정 시민단체의 하부기관에 불과한 '자치와공동체'에 위탁 운영하면서 대표 공약으로 얘기하는 것이 부끄럽지 않은가 묻지 않을 수 없다.

투명성과 공정성이 생명인 지원센터 운영, 인천시는 편법 불법 편파로 얼룩졌다.

'자치와공동체'는 태생적으로 특정 세력들의 공작적 방식으로 지원센터 민간위탁을 따냈다.

이후 공모 심사위원단을 '자치와공동체' 이사들로 채우는 불법 탈법 편파적인 운영으로 자신들과 가까운 단체들에 공모사업을 몰아줬다. 결과적으로 2019년 시 계획형 예산 50억원 상당 부분을 가까운 시민단체들에 나눠줬다. 재벌들의 일감 몰아주기를 빼다 박았다.

인천참언론이 줄기차게 지원센터를 민간위탁하지 말고 직영으로 운영하라고 요구하는 것은 바로 이렇게 투명성과 공정성에 문제가 생겼기 때문이다. 몇 년 전 서울시도 민간위탁으로 운영했다가 비슷한 문제가 발생해 직영으로 돌렸다. 하지만 인천시는 또다시 민간위탁을 한단다. 사실상 '자치와공동체'에 다시 넘겨주려는 수작이다.

공정성과 투명성을 높이고 예산을 아낄 방안도 있는데, 끝까지 민간위탁을 강행하는 박남춘시장, 시민들이 결코 용서하지 않을 것이다.

광주광역시의 경우 시민참여예산 120억 원 중, 예산학교 운영 민간위탁 예산이 3천만 원이다. 인구수가 인천의 3배가 넘은 서울특별시의 경우 시민참여예산 700억 원 중 예산학교 운영 예산으로 외부 프로그램 용역에 1억 9천만 원을 쓰고 나머지는 직영으로 운영한다. 부산시와 대전시의 예산학교 운영비는 수백만 원에 불과하다. 그것도 모두 시가 직접 운영한다.

인천시 경우는 어떤가.

인천시가 인천주민참여예산지원센터의 기능을 대폭 축소해 예산학교(말이 학교지 교육하는 프로그램이다) 운영과 토론회 개최 등만을 맡기겠다며 편성한 예산 4억 8천 5백만 원 중 실제 예산학교 운영에 들어가는 돈은 고작 12% 정도다. 나머지는 절반은 인건비이고, 사무실 임대 및 운영비, 기타 등등에 일부가 쓰인다.

인구수에 비례해 다른 광역 시도처럼 예산학교 운영만 위탁 주면, 6천만 원 정도면 충분한데도 인천시는 7억 가까운 돈을 써 왔다. 특정 단체에 시민의 혈세를 '아낌없이 주는 나무' 노릇을 하는 것이다. 그러면서 재정적자를 핑계로 코로나19로 인한 일반 시민들을 위한 재난지원금 줄 때는 인색하기 짝이 없었다.

따라서 인천참언론시민연합은 인천시의회에 지난 2년간 민간위탁을 해 오면서 저지른 불법성과 편파성 등을 다시 한번 공론화해 민간위탁 저지에 총력을 기울일 것이다. 하지만 그렇다고 인천시를 대상으로 한 투쟁은 멈추지 않을 것이다.

왜냐면 민간위탁을 결정한 것은 인천시이기 때문이다. 인천시는 지난 시기, 주민참여예산의 올바른 운영을 촉구하는 인천참언론의 투쟁을 폄하하면서 다른 시민사회단체들과 분리시키기 위해 혈안이었다. 그런데 지금 이 기자회견장을 보라! 인천지역에서 몇십 년 동안 사회활동을 해 온 원로들과 선배님들, 그리고 많은 활동가들이 모였다. 바로 이 분들을 저버리고 끝내 특정 시민단체와 담합한다면, 박남춘 시정부는 다가올 2022년 선거에서 여기 모인 시민사회단체들과 성원들의 심판을 받게 될 것이다. 이제라도 박남춘 시정부는 특정 시민단체가 아니라 일반 시민의 입장과 이익의 편으로 돌아올 것을 다시 한 번 촉구한다.

2020년 11월 11일
인천참언론시민연합 기자회견 참가자 일동

그러나 인천시는 인천참언론시민연합이 '민간위탁을 철회하고 시가 직영할 것'을 요구하는 것에 대해 철저히 묵살하고 오히려 민간위탁 단체를 두둔하며 민간위탁을 강행하고 말았다.

2020년 11월 2일.
이날은 우리 인천참언론시민연합이 인천시의 주민참여예산을 민간에 재위탁할 것을 감지하고 박남춘 인천시장에게 이를 항의하고 저지하기 위해 시장면담을 추진하기로 한 날이다.

그전에도 우리는 시민단체가 시정을 감시하고 견제해야 한다는 본연의 임무를 다하기 위해 민간 재위탁 반대를 위한 1인 시위 및 항의의 뜻을 직간접으로 전하는 활동을 계속해 왔다.

그러나 우리 인천참언론시민연합 회원들은 시장면담은 고사하고 인천시청 현관에서부터 입장을 거부당했다.

그래서 이날 현관출입문 앞에 자리를 펴고 주저앉아 노숙농성을 시작한 것이 2021년 1월 11일 아침까지 장장 70일이 길렀다.

인천시 직제표에는 시장위에 시민이 자리 잡고 있고, 인천시청 현관에는 '시민이 시장이다'라는 구호가 버젓이 걸려있다.

70일간의 노숙농성 기간 박남춘 시장에 대해 느낀 것은 이 구호와 직제표와는 정반대로 불통에 불통시장이었으며, 정치인이 당연히 갖추어야 할 덕목인 소통과 화합, 대화와 타협과는 거리가 먼 불통 그 자체라는 것만 알게 됐다.

인천참언론시민연합의 인천시청 70일간 노숙농성은 "25년 성년이 된 지방자치제 이대로 괜찮은가?" 하는 근본적인 문제를 던졌다. 시민으로부터 위임받은 권력을 어디까지 사용토록 할 것인가. 박남춘 인천시장은 노숙농성단에 전기를 끊는 만행도 서슴지 않았다. 시민의 혈세인 예산을 똑바로 쓰라고 요구하는 농성단이 보라는 듯 애뜰광장에 예산 낭비성 퍼포먼스를 버젓이 펼쳐 보였다.

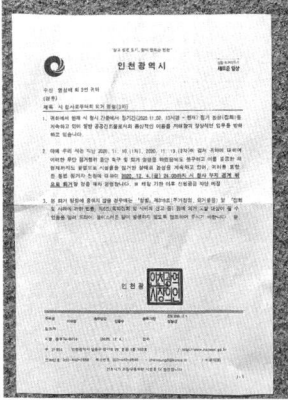

시(市)조직도

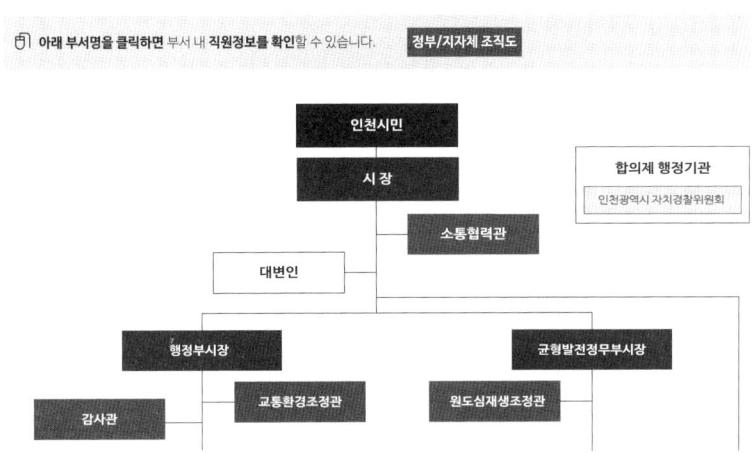

인천시의 조직도.
인천시의 조직도에는 시장위에 인천시민이 자리 잡고 있다. 그러나 실상은 역대 인천시장 중 박남춘 시장만큼 고집불통인 시장이 또 있었을까 하는 생각을 지울 수 없다.

다음은 인천참언론시민연합 염성태 상임대표의 말이다.

"저는 누구보다도 촛불 정부를 망치려는 조선. 중앙. 동아 폐간운동과 검찰개혁에 앞장서고 있는 사람이라 자부합니다. 오늘도 조선일보 앞에서 시위를 벌이고 돌아왔습니다.

그런데 촛불정부에 힘을 실어준다면서 극소수의 일탈과 범죄행위도 눈감아주자는 어처구니없는 소리가 들리는 거 같습니다.

평화복지연대와 정의당 인천시당 일부는 박남춘 시장에 빌붙어 시민의 혈세를 수십 억원에 이르는 주민참여예산을 자기 주머니돈처럼 챙겨갔습니다.

　박남춘 시장을 둘러싼 아첨꾼들은 평복과 손잡고 이런 범죄를 부추기며 3년째 계속하고 있습니다.

　이런 범죄를 조. 중. 동은 모르고 있을 거 같습니까? 제 생각에 이들이 잠자코 있는 것은 박시장과 평복이 더욱 썩어빠진 범죄를 공모하면 결정적인 순간에 무너뜨리려 하는 것이 분명하다고 봅니다.

　그리고 국민의힘이 시 정부를 차지하면 수구세력에 수백억, 수천억의 주민참여예산을 집어주려고 안달할 겁니다.

　그때 가면 우리는 말도 못하고 쳐다만 보고 있어야 할 겁니다.

　그런 불행한 상황이 오기 전에 범죄를 막고 시민의 혈세를 지켜 촛불정신을 바로 세우고자 하는 것이 50년 만의 한파를 무릅쓰고 인천시청에서 70일이 넘도록 농성을 벌인 인천 참언론의 본래 뜻입니다.

　만약 평복의 속임수에 빠져 박남춘 시정부가 더욱 깊은 범죄의 늪에 빠져들고 위기에 빠지면 평복이 나서서 해결할 것이라고 생각합니까?

　그들은 당장 국민의힘당 편으로 돌아가서 거기에서 또 시민의 혈세를 빼 먹으려 들 거라고 저는 생각합니다.

　앞으로 평복이 안상수, 송영길, 유정복, 박남춘 시정부를 넘나들면서 자기 사람을 꽂아 넣었던 실제 사례들을 남김없이 밝히겠습니다.

　진실을 밝혀내고 범죄와 비리를 바로잡아 촛불혁명의 정신을 가로막는 것은 국민의힘에 힘을 실어주고 시민을 배신하는 행위라는 것을 명심해야 합니다."

  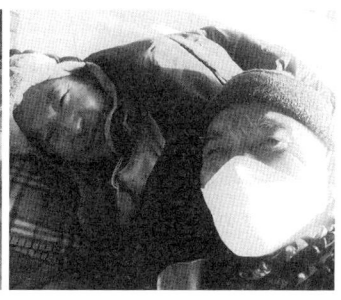

'인천참언론시민연합'은 '조중동폐간시민실천단'과 연대관계이면서 구성원이 중복된다. 그래서 염성태 상임대표와 나는 노숙농성 기간에도 조, 중, 동 폐간 투쟁을 병행했다. 엄동설한 강추위에도 가끔은 따뜻한 시간이 있다. 오전 햇살이 비치는 시간이면 책도 읽고 대화를 나누는 등 여가를 즐길 수 있다. 70일의 노숙농성 기간 나는 함께한 동지 염성태 선배와 황진도 선배에게서 많은 교훈과 지혜를 얻었다. 염성태 선배는 평생을 노동운동과 진보정당에 몸 담아 적폐, 불의와 한 치 양보 없이 싸웠다(양옆 사진). 황진도 선배는 초창기 전교조활동으로 1989년 해직과 복직 그리고 퇴직 후 지금까지 특별법 제정을 통한 89' 해직자 원상회복 투쟁을 벌이고 있다(사진 가운데). 이문제도 문재인 대통령의 몫이다.

　노숙농성단 5명은 70대가 3명, 60대가 2명이다.

　체감 온도가 영하 20도를 쉽사리 넘나들고, 때로는 겨울 비바람이 농성장을 휘몰아치기도 한다. 농성단의 건강을 장담할 수 없다는 말이다. 60대로 농성단의 막내인 나도 견딜 수 없을 만큼 힘들어 한동안 복용하지 않았던 약을 다시 찾아 먹었다. 그러나 노 선배들을 두고 힘든 내색을 할 수 없었다. 그렇게 우리는 하나가 되어 불의와 싸웠다.

　2020년 12월 3일 오전 8시 조금 넘어서 박남춘 시장이 우리가 자리잡은 노숙농성장인 정문을 피해 출근하는 옆문으로 달려갔다. 박남춘 시장이 차에서 내려 출입문 쪽으로 온다.

　나는 피켓을 양손으로 치켜든 채 눈을 부릅뜨고 외쳤다.

"범죄 집단 옹호하는 박남춘은 각성하라!"(이석삼)

그랬더니 의외의 말이 돌아왔다.

"뭘 각성해?"(박남춘)

깜짝 놀랐다.

저게 박남춘 시장의 인격이고 품성이고 수준이란 말인가.

정치인은 어떤 비판도 자기 것으로 승화할 수 있는 인격과 도량을 갖추어야 한다.

그게 안 된다면 정치해서는 안 된다.

특히 이날 이 현장에서는 이 말이 나와서는 안 되는 상황이었다.

박남춘을 상대로 나만 출근 시위를 한 것이 아니고, 박남춘 시장의 독단 독선에 의해 졸지에 재산권을 빼앗긴 인천 지하도 상가 점주 할머니들이 쓰러지면서 "시장님 도와주세요, 제발 살려주세요" 하며 눈물로 호소하던 자리이기도 했기 때문이다.

우리 인천참언론시민연합은 단체나 개인의 사리사욕을 위해서 이 자리에 선 것이 아니고 다만 시민의 혈세를 똑바로 쓰라는 우국충정에서 이 자리에 선 것이다.

박남춘 시장의 오만방자함을 읽을 수 있는 사례는 또 있다. 우리가 노숙농성하는 동안 그 추운 농성장에 전기를 끊을 정도로 반인륜, 반인권적인 행태를 일삼을지언정 단 한 번도 농성장을 찾지 않던 박남춘 시장이 2020년 12월 25일 농성장을 찾아서 한 말 "실력을 키우세요. 후배들을 서울에 보내서라도 인재를 양성하세요"라고 한 것이다.

귀를 의심했다.

불법, 불의한 집단을 끝까지 옹호하면서 막대한 시민 혈세를 낭비하는 자가 세금을 올바로 사용하라고 농성하는 시민단체에 실력을 키우란다.

뭐지?

불법, 불의하고 부당하게 세금을 도적질하는 단체의 범죄행위를 배워서 그들과 경쟁하라는 것인가?

이런 경우 아연실색이라는 말이 절로 나오는 것이다.

그러면 우리 인천참언론시민연합을 지지해 농성장을 방문, 위로와 격려를 아끼지 않은 1천여 명에 이르는 인천뿐 아니라 경향각처에서 달려온 단체 및 개인은 뭐가 되는 거지 하는 생각이 들었다.

월요일만 되면 인천시청에서 벌어지는 8~9개에 이르는 시위대가 절규를 토해낸다.

이러한 모습을 그 당시 내가 SNS에 올린 글을 그대로 올린다.

-아비규환-

인천시청의 아침은 그야말로 아비규환이다

아비규환이란 불교에서 말하는 8대 지옥 중 가장 밑의 지옥인 아비지옥에서 오역죄(부모를 살인한 자, 비구니를 범한 자 등)를 범한 자들이 옥졸로부터 살가죽을 벗기는 등 하루 수천 번 죽고 되살아나는 형벌을 받으며 울부짖음을 이른다.

인천시청의 아침도 아비지옥을 떠올리게 한다.

영흥도 쓰레기매립장 건립에 반대해 이른 아침 상복을 입고 관을 박남춘 인천시장 출근길 길목에 놓고 투쟁을 한다.

또, 인천 전역의 지하상가 주인 3500여 명을 대신해 장기간 재산권 보장을 요구하는 할머니들은 상복을 입은 것을 물론 곡소리를 하는가 하면 출근하는 박남춘 시장 앞에서 쓰러지듯 누워 "도와달라. 살려달라" 울부짖는다.

오늘로 51일째 노숙농성을 이어가고 있는 '인천참언론시민연합'도 인천시 참여예산을 범죄집단에게 맡기지 말고 제도를 폐지하든지 직영하라는 요구이다.

이 모든 사안은 박남춘 시장이 풀 수 있고, 풀어야 하는 문제이다.

정치는 사람으로 인해 꼬인 갈등을 사람이 푸는 행위이리라.

인천시청 애뜰 광장에 거액을 들여 설치했을 법한 조형물이 설치 열흘 남짓 만에 이 아비규환에도 무심하게 철거되고 있다.

박남춘 시장의 역사 인식이 부족함을 드러내는 대표적인 무책임 사례

인천시민단체들은 2021년 여름을 여는 6월부터 폭염이 기승을 부리는 10월 현재까지 인천시 동구 화수동의 철거위기에 놓인 작은 교회를 지키기 위해 매일 2명 이상씩 교회 안에서 릴레이 단식을 이어가고 있다.

이미 한 목사님이 이 교회를 지키고, 이 교회가 상징하는 역사성을 국민에게 알리고 호소하기 위해 30일간의 단식을 한 바 있고, 시민들의 릴레이 단식도 같은 차원이다.

이 교회는 다름 아닌 도시산업선교회로 노동자교육 등 인천뿐 아

이총각 전 동일방직 노조위원장은 인천 노동운동의 상징이자 민주화운동의 상징적인 인물이다. 그는 인천 도시산업선교회가 재개발로 역사적 가치와 노동운동의 가치를 상실한 채 사라질 위기에 처하자 종교계는 물론 시민단체 및 개인이 참여하는 릴레이 단식에 동참, 교회존치 투쟁에 나서고 있다.

니라 대한민국 노동운동의 상징이고, 특히 민주화운동으로도 인정받은 동일방직의 노동조합 탄생과 투쟁의 상징이기도 하다.

그런데 인천시가 이 지역을 재개발하겠다고 나서자, 기존의 주민들이 내쫓기는 것을 막는 것은 물론 역사성이 있는 이 교회를 지키기 위해 단식을 하고 있다.

이렇게 시민단체의 반발이 거세자 허가권자이자 사업의 주체인 인천시는 책임을 회피한 채 '개발업자와 교회와의 중재 운운'하고 있다.

인천도시산업서교회는 인천시 동구 화수동 183번지라는 주소로 기억되는 곳이 아니라 이곳에서 일어난 사건으로 기억되는 장소이다.

이 사건은 현대 한국사회의 변혁을 이끈 동일방직 민주노조운동이다.

1972년, 인천도시산업선교회에서 교육받은 '산선회원' 25명이 동일방직노조 대의원으로 선출되었다. 이들은 한국 노동사 최초로 여성 지부장을 뽑았고, 동시에 노조 집행부 18명 전원을 여성으로 조직하는 놀라운 사건을 일궈낸다. 무엇보다도 군사정부에 의해 어용화된 채, 회사의 일방적 노무관리에 협조하는 기존의 기생적 노조관행을 탈피 하고자 했다.

이에 정권유지 차원에서 노동계를 관리하던 유신독재정부는 당혹해서 중앙정보부와 회사, 어용노조세력을 동원해 동일방직민주노조의 와해를 공작하자 이에 맞섰던 동일방직 민주노조원의 저항과 투쟁이 동일방직 사건이다. 이후 동일방직 사건은 대한민국 민주화를 견인한 70년대 민주노조운동으로 발전해 갔다. 이런 동일방직 민

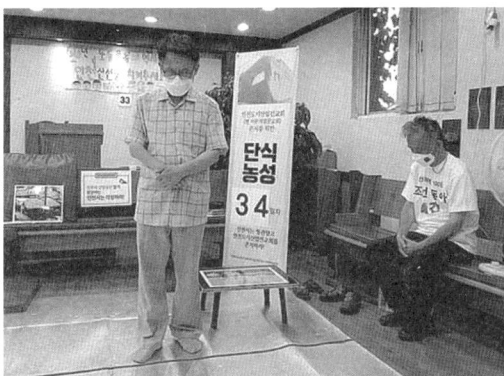

> 인천도시산업선교회 존치투쟁은 목회자들과 시민단체가 단식을 시작하는 순간 승리했다고 나는 확신한다. 김도진 목사님이 릴레이 단식을 마치는 우리를 위해 기도하고 있다(왼쪽). 인천참언론시민연합 염성태 상임대표, 황진도 공동대표, 김도진 목사, 그리고 나(가운데). 기어코 자랑스러운 민주화 유산, 소중한 노동산업유산을 사라지게 할 것인가(오른쪽 교회입구).

주노조 탄생의 산실 역할을 한 곳이 바로 화수동 183번지에 위치해 있던 인천도시산업선교회이다.

  이러한 역사성 있는 작은 교회가 무책임한 자치단체장의 개발 의지에 밀려 철거될 위기에 몰린 것이다.

우리가 릴레이 단식하던 날 이 교회 김도진 목사의 안내로 둘러본 이 지역은 도시 재생 사업으로 비교적 깨끗하게 정비돼 있어 굳이 개발업자만 배 불리게 하는 재개발 강행이 과연 필요한가 하는 의문을 갖게 됐다.

지자체장의 전횡을 어디까지, 언제까지 지켜봐야만 하는가.

왜 지방언론 개혁인가?

대부분 지방언론은 해당 지역에 뿌리를 두고 있는 사업가들로 주주를 구성하는 경우가 많다. 이는 긍정적인 측면에서는 지역의 물주들이 뒤에서 버티고 지원을 해줄 수 있으니 경영이 대체로 안정을 꾀할 수 있다는 것이고, 부정적인 측면에서는 이 주주들이 불법, 부정에 연루되었을 경우 이들을 비판할 수 있는 통제력을 스스로 발휘할 수 없다는 것이다.

따라서 이들은 스스로 지역 내의 각종 이권에 개입해 부당이득을 취하는가 하면 언론사 이사 등의 신분을 내세워 국가기관의 인사에도 개입할 정도로 막강한 영향력을 발휘한다. 그래서 서울 등 다른 지역에서 새로 부임하는 기관장들은 이들과의 안면을 트려고 부임하자마자 방문 인사를 나누고, 긴밀한 인적 네트워크를 형성하게 된다. 이러한 인적 네트워크의 구심점 역할을 하는 것이 지방 언론사이고, 지방 언론사 사주 등 이사들이다. 물론 지방 언론사 모두가 그런 것은 아니며, 그중에서도 지역의 유력언론이나 돼야 가능하고, 도덕성이 부족한 사람이라야 가능하나, 대부분 자유롭지 못한 것은 사실이다.

 이러다 보니 취재 일선 현장을 뛰는 기자들의 고충이 따르는 것은 당연하다. 뉴스의 가치를 판단해 취재해서 데스크에 올린 기사가 담당 기자도 모르게 사라지는가 하면, 기사를 작성한 담당 기자를 사장이 직접 나서서 기사화하지 않는, 그래서 지역에서 사업을 하면서 그 지역 유지급이라고 하는 사람들은 지방언론 여러 곳에 동시에 주식을 보유하고 있는 경우가 많다. 말하자면 지방언론이 이들이 사업을 하는데 보험 격인 셈이다.

 때문에, 지역 내의 타 언론사에 부정, 비리 문제가 발생해도 대부분 보도되지 않는다. 이 지점에서 일종의 카르텔이 형성되는 것이다. 이런 문제는 서로 의견교환을 하지 않아도 자연스럽게 이루어진다.

 문제는 지방언론이 이러한 구조적 결함을 안고 있는 것이 지방자치에 커다란 해악을 끼치고 있다는 것이다.
 지방언론이 기하급수적으로 늘어나면서 지방언론의 광고 판매 사업 등 매출 시장은 상상할 수 없을 정도로 줄어들었다.
 그래서 지방언론은 관공서, 특히 시. 군 등 자치단체에 광고, 사업, 행사 등을 통한 매출에 목을 맬 수밖에 없는 상황에 놓여 있다.
 지방 언론사는 시, 군의 예산편성 단계부터 자사의 광고 등 매출을 잡기 위해, 담당 공무원에게 접근하고, 또 이 공무원은 언론사에 줄 예산을 편성한 뒤 이를 승인할 의회 의원들에게 로비할 것을 종용한다.
　지방자치단체의 공무원, 의회 의원, 언론사 기자가 갑과 을의 관계를 상황과 처지에 따라 뒤바꿔 가며 깊숙한 유착 관계를 형성하는 것이다.

카르텔이 형성되는 것이다. 비리의 카르텔.

　언론사에는 이들 현장 기자를 조정하는 데스크가 있고, 그 데스크 위에는 그들에 대한 인사권이 있는 경영진이 있다.
　또 지방언론에 광고 예산을 편성하는 담당 공무원 위에는 인사고과를 쥐고 있는 간부 공무원이 있고, 이 간부 공무원 역시 선출직 자치 단체장의 지시를 거부할 만큼 자유롭지 않다.
　이처럼 기자와 공무원의 긴밀한 관계는 그들의 고위층인 언론사 사주 및 지방 토호 세력인 언론사 주주와 고위 정치인의 유착 관계로 자연스럽게 이어지며, 그게 곧 지역 비리 카르텔이다.
　예를 들어 A시 시장의 경우 어느날 시장 자신의 땅을 비롯해 문중의 땅이 속해 있는 지역을 개발 예정지로 발표해 이 지역 땅값이 하루아침에 요동치게 한다. 또 이 A시의 시장은 이 지역 땅을 개발 예정지로 발표하기 두 달 전 자신의 땅을 형질 변경한 것에 대해 추가 고발됐다. 이처럼 이 시장의 부동산투기 의혹이 불거지는 시점에도 지방의 유력지는 물론 중앙언론도 대부분 다루지 않고, 사세가 약하고 영향력도 별로 없는 지역신문이 이를 심층 취재해 보도를 하다 광고가 끊기고 판매가 끊기는 날벼락을 맞자 이 지역신문이 시장을 고발하는 가하면 일반 시민까지 가세하는 사태로 이어졌다.

　물론 사실관계가 명확지 않은 것을 보도하지 않았다고 언론의 책무를 다하지 않았다고 볼 수는 없다. 그러나 이 경우는 시장 자신의 땅과 문중 사람들의 상당한 양의 땅이 개발 예정지에 포함됐다는 것은 검찰의 수사결과와 상관없이 의혹을 살수밖에 없는 것이고, 이에 따라 언론 또한 의혹 제기 기사는 당연한데도 적극적으로 보도하지 않은 것은 왜일까.

　B시의 경우 산업단지 조성에 혈안이 된 적이 있다. 도시개발 관련 공사 사장이 비리 혐의로 구속이 되고 시장이 비리에 연루된 의혹이 짙은데도 거의 보도 되지 않는다. 지방언론이 이처럼 광고 판매에 얽매여 시장의 비리를 눈감아 주다 보니, 시민들이 이 시장의 비리를 알지 못하는 사람이 대부분이고 이 전 시장은 보란 듯이 국회의원에 당선된다.
　또 그 국회의원이 땅 투기 의혹이 제기돼 경찰이 압수수색을 하고 본격적인 수사에 들어간 그 시점에서도 오히려 지방언론은 그가 국회의원 신분으로 지역에 특별교부금을 확보한 것을 대대적으로 보도한다.
　국회의원이 된 지금도 시장 재임 시절 비리가 중앙언론에서 다루어지고 있는데도 대부분의 그 지역 언론은 침묵한다. 언론이 침묵하는 사이 개발과정에서 자신의 재산권을 빼앗기고, 소외되고 배척당한 억울한 사람들의 목소리는 철저히 외면당한다.
　심지어, 그 국회의원은 자신의 분신처럼 물심양면으로 도와준 지역 선배조차 배반해 지역 민심이 악화한 것으로 전해지고 있다.
급기야 그 국회의원은 시장시절 주택건설 시행사로부터 부당이득을 얻은 혐의,즉 특정범죄가중처벌법상 제3자 뇌물등의 혐의로 구속됐다.
이렇게 부패한 언론이 정직하지 못한 정치인을 양산하는 꼴이다.

이렇게 정치가 사람을 매정하게 하는 것인가.

지역신문발전위원회는 해마다 연초 지역신문발전기금 우선지원 대상사를 선정한다.
2021년도에도 전국의 지방 일간지 29개사, 주간지 48개사가 지역신문발전기금을 지원받게 됐다.
그런데 이 발전기금은 불법, 비리 혐의가 드러나거나 신문사의 임원이 처벌을 받으면 선정 대상에서 제외된다. 하지만 처벌을 받아도 몇 년 후면 다시 선정되는 능 기준이 모호하고 지원급이 본래 취지에 맞게 쓰였는지에 대한 감사는 그야말로 무용지물이다.

심지어 일간지 대표를 하면서 국고를 횡령해 징역형을 받은 자가 주간지로 갈아타 또다시 버젓이 대표를 하고 있다. 지역 언론사 사장 중에는 범죄 경력자들이 한둘이 아니다. 범죄자가 대표로 앉아 있는 신문이 이 사회의 비리 범죄를 어떻게 파헤쳐 보도할 수 있단 말인가.

전남 C시장의 경우 언론사 대표 재직시 지역신문발전기금을 유용(사기)한 혐의로 고발돼 1심 재판에서 징역 10개월, 집행유예 2년형을 받았다. 이 경우는 C시장과 같이 일하던 사람의 고발로 수사가 이루어졌고, 기소된 것이다. 과연 지역신문발전기금을 지원받는 다른 신문사는 그 운영이 본래 취지대로 되고 있단 말인가. 그렇지 않다. 경영난에 시달리고 있는 신문사를 지원한다는 것이 오히려 신문사 사주의 쌈짓돈 또는 본래의 목적 이외에 유용되는 밝혀지지 않는 사례가 충분히 더 있을 수 있다. 왜냐면 한 번 지원한 뒤 이 기금이 제대로 쓰였는지 확인했다는 보도와 지역신문발전위원회 자체 조사 후 제재를 가했다는 보도를 접해본 적이 없다. 이를테면 개혁의 대상인 부패, 불법 신문사에 오히려 보약을 투여함으로써 암세포를 더 퍼지게 한 격이 된 것이다.

보수 정권인 박근혜 정부에서조차 폐지를 시도한 이 지역신문발전기금 제도를 언론개혁을 주창하는 민주당 정부에서 폐지하거나 개선 방향을 제시하지 못하는 이유는 무엇인가. 박근혜 정부는 언론을 탄압한 정부고, 문재인 정부는 부패언론을 방조한 것인가.

그뿐 아니다. 중앙정부 차원에서 지역신문을 지원하다 보니 지방정부 차원에서 지역신문에 보조금을 지원하는 사례도 늘어난다. 그야말로 이 경우는 지방자치단체가 지방언론을 대놓고 매수하는 꼴이 아니고 무엇인가. 실제로 인천지역에서는 한 시민단체가 지역 언론의 보조금 유용 및 횡령을 고발해 지역의 많은 언론사가 징역형의 처벌을 받는 등 철퇴를 맞은 적이 있다.

이 시민단체가 이들 언론사를 고발하지 않았다면 이 신문사들의 보조금 횡령 및 유용이 세상에 알려지기나 했을까. 바꿔 말하면 중앙정부 및 지방정부에서 언론사에 지원하는 각종 보조금은 눈먼 돈이라는 뜻이다. 이렇게 한쪽에서는 국민의 혈세를 불법, 불의한 언론사에 지역신문을 발전 육성한다고 지원하고, 정치권에서는 입만 열면 언론개혁을 말한다. 웃겨도 한참 웃긴 이야기다.

나는 지방언론에 근무할 때 오피니언 담당을 한 적이 있다. 사람들의 동정, 지역의 행사 등의 소식을 전하는 사람과 사람들 면과 주로 기고문과 시사평론을 다루는 담당이다.
그렇게 말 안 듣는 국회의원도 기고문을 내라고 하면 만사 제쳐두고 마감 시간 안에 원고를 보내온다. 그 국회의원이 혹시라도 시간을 착각해서 늦을 경우, 독촉하면 바로바로다. 언론개혁의 필요성을 역설하는 자들이 자신을 홍보할 기회라면 여야, 보수 진보가 따로 없다.
내가 2011년 〈기자님 기자새끼〉를 출간했을 때, 한겨레 신문에서 '매출에 꺾인 붓'이란 제목으로 책을 소개한 가사를 낸 적이 있다.
맞는 말이다.
지방 언론사가 대부분 재정이 열악하다 보니 광고주인 관공서와 기업체의 잘잘못을 따져서 기사화할 수 없는 게 사실이다. 경영의 어려움과 언론사와 이해관계에 있는 사업자나 단체를 견제 감시하지 못하는, 이를테면 '금력의 시녀'이다 보니 스스로 언론 본연의 기능을 상실한 것이다.
지방 언론사는 해마다 창간기념일이 대목이다. 아무리 사세가 낮고 영향력이 약한 언론이라 할지라도 이때는 각 관공서와 단체에서 인사치레로 광고를 하나씩은 준다.

  그래서 창간기념일을 앞둔 1~2개월 전부터 광고협조공문을 출입처 기자를 통하거나 우편으로 보낸다. 이를 받아본 곳에서는 대부분 외면하지 않는다.

  지방언론이 개혁되어야 할 이유이자 과제이다.

대 국민 사기 '박애.봉사'
불법.불의.뇌물로 성장한
'길재단' 해체하라
'적폐' 이길여 구속하라
경인일보 부당해고 기자
<어머님겨레생기>저자 이석삼

3부 이길여와의 싸움
지방언론사 회장 '적폐'

그가 처벌되지 않고서는 이 땅에 정의는
없다는 것을 우리 스스로 인정하는 꼴이다.

나는 왜 이길여와 싸우고 그를 고소, 고발했는가
40일간의 노숙농성
송광석, 운명 같은 그와 만남과 이별
인천시 연수구 옥련동 이길여 자택 앞 시위 30여 개월
이길여의 노조탄압

나는 왜 이길여와 싸우고 그를 고소, 고발했는가?

정의가 이겨야 한다는 것은 나의 신념이기도 하지만 진리이기도 하다.

나는 이명박이 구속촉구 집회도 적극적으로 참여해봤고, 박근혜 탄핵 국면과 양승태의 사법 농단 때도 시위현장을 웬만하면 지키려고 노력한 사람이다.

하지만 나는 평생을 언론인으로 활동하면서 "언론, 특히 지방언론이 개혁되지 않으면 나라 망한다"는 소신으로 언론개혁을 위해 싸워왔다고 자부하며, 지금 이 순간에도 언론개혁을 위해 싸우고 있다.

이길여는 현재 대한민국 유력 지방 언론사인 경인일보사의 회장이다. 이길여가 경인일보 회장으로 취임한 뒤 지금까지 경인일보를 앞세워 부당하게 이득을 취해 사세를 확장했다는 것은 중론이다. 언론사의 힘을 악용해 온갖 부당이득을 취했다는 것이다. 언론사를 사유한 그 자체가 힘이기 때문이다.

이길여의 가천길재단 수사 내용에 기사를 예로 들자면,

문재인 정부가 들어서고 얼마 지나지 않은 2017년 12월 19일 경찰청 특수수사과는 보건복지부, 가천대학교 길병원, 가천대학교 성남캠퍼스 등에 수사관 14명을 보내 경리, 재무부서 등을 압수 수색했다. 압수수색 대상에는 이길여 법인이사장 비서실도 포함됐으며, 경찰은 "병원이 법인 비자금을 횡령해 복지부 고위공무원 등에 뇌물을 건넸다는 정황을 포착, 같은 해 6월부터 수사를 벌여 왔다"고 밝혔다.

당시 병원으로부터 뇌물을 받은 의혹을 사고 있는 복지부 고위공무원들은 현재 피의자 신분이며, 경찰은 "압수물 분석이 끝나는 대로 이들을 소환 조사할 방침"이라고 밝혔었다.

이렇게 수사를 벌인 끝에 이길여 측으로부터 뇌물을 받은 고위공무원은 8개의 법인 카드를 돌려가며 3억여 원을 받은 혐의로 8년여의 징역형을 선고받고 복역 중이나, 이길여는 '일개 직원의 일탈'이라며 직접 관련이 없다고 판단, 처벌을 받지 않은 것으로 알려졌다.

세상에 국가 정부 부처인 보건복지부가 길병원의 한 직원의 뇌물에 의해 수백억 원의 국가지원사업인 10대 연구중심병원으로 선정해 줄 수 있는가?

경찰은 수사결과를 발표하면서 길병원이 이길여 측근 명의로 보건복지위 소속 의원과 인천의 유력 정치인 등 15명의 정치인에게 쪼개기 불법 정치자금을 제공한 사실도 밝혀냈고, 특히 박근혜 정권의 국정농단 사태의 핵심 중 하나인 우병우의 이름을 등장시킨다.

구속 위기에 처한 이길여의 사건을 무마해주는 조건으로 3억 원을 받았고, 이 혐의로 우병우를 기존 혐의에 더해 추가 기소한 것이다.

당시 변호사였던 우병우는, 2014년 이길여 본인은 처벌을 피해가게 해주고, 검찰수사를 조속히 마무리해 주겠다며 길병원 측으로부터 총 3억 원을 받은 혐의다. 인천지검은 당시 길병원의 횡령 배임 사건을 수사 중이었다.

길병원 측은 2014년 1월 인천지검 부천지청장을 지냈던 우 전 수석에게 착수금 명목으로 1억 원을 건넸으며, 3개월 뒤 2억 원을 더 건넨 것으로 알려졌다.

이에 우병우 전 수석은 최재경 당시 인천지검장을 만났고, 실제 검찰수사는 길병원 비서실장과 팀장, 인천시 공무원 등 10명을 기소하는 선에서 마무리됐다.

경찰은 우 전 수석이 선임계를 내지 않고 청탁을 목적으로 일하며 거액을 챙겨 변호사법을 위반했다고 판단 추가 기소한 것이다.

이 사건을 계기로 나는 이길여를 구속해야 한다고 주장하고, 검찰에 고발했다.

고발내용은 이렇다.

인천지검 특수부는 2013년 가천길재단이 송도국제도시에 진행 중인 첨단의료. 바이오연구단지(BRC) 조성사업의 시행사인 ㈜ BRC 등 2곳을 압수수색, 각종 회계장부와 컴퓨터 하드디스크 등을 확보하고 수사를 벌인다.

　당시 검찰은 가천길재단 (당시 이사장 이길여) 측이 BRC 사업과 관련해 아파트형 공장과 기숙사 상가 등을 건설하면서 공사비를 부풀린 뒤 하청업체로부터 공사비를 되돌려 받는 수법으로 비자금 수십억 원을 만든 혐의(특경가법상 횡령)를 포착했다.

　길병원의 모기업 격인 가천길재단은 지난 2009년 IBM(법상 외국기업을 참가시키게 되어 있으며, 실제로 IBM의 지분율은 1%에도 못 미치는 그야말로 형식이었음)과 ㈜BRC를 설립했으며, 총사업비 약 3천 560억 원을 들여 송도 5공구, 7공구 내 20여만 평방미터에 의료 바이오 분야 연구개발 시설과 아파트형 공장, 지원시설 등을 갖춘 BRC 사업을 추진한다.

　인천지검 특수부는 수사 끝에 2014년 4월 14일 국내 최대 규모의 바이오 연구단지인 송도 BRC 사업 관련, 7명을 구속기소하고 3명을 불구속기소하는 등 10명을 재판에 넘기며 사실상 수사를 종결한다.

　당시 검찰은 이길여 비서실 직원으로부터 "조성한 16억 원의 비자금 중 6억 원은 자신이 챙기고, 나머지 10억 원은 이길여 이사장의 비서실로 올렸다"는 진술을 확보하고도 웬일인지 이길여 이사장에게는 서면조사만 받고 무혐의 처분을 한다.

　세월이 4년 건너뛰어 2018년 5월 29일 경찰청 특수수사과는 길병원이 10대 연구중심병원에 선정되기 위해 보건복지부 공무원에게 뇌물을 준 정황을 포착하고 벌인 수사결과를 발표하면서 2014년 초

길병원 측 돈이 우병우 전 청와대 민정수석에게 건너간 정황을 포착했다고 밝히고, 이후 우병우 전 청와대 민정수석을 추가 기소한다.

당시 길병원 측이 우병우 전 수석과 법률자문계약을 맺고 두 차례에 걸쳐 총 3억 원을 건넨다. 길병원은 당시 이길여 이사장이 비서실로 10억 원의 비자금이 흘러 들어간 혐의 등으로 수사를 받고 있었으며, 당시 대부분 언론에서는 이길여 이사장이 구속을 피하기 어렵다고 전망했다.

그리고 사건 수사결과 발표 다음 날인 2014년 4월 15일 언론은 검찰의 이길여 수사에 의문을 제기하는 기사를 쏟아낸다.

이를테면 "인천지검, 가천길병원 비리 수사 석연찮게 마무리", "검, 송도 BRC 수사 흐지부지 종결", "가천길재단 비리 수사 '꼬리 자르기'논란", "'깃털만 건드린' 길병원 비리 수사" 등 제목의 기사들이다.

이것이 지금도 변하지 않는 팩트이다.

내가 길병원과 성남의 가천대학교 등에서 시위를 하고 있을 때 이길여의 직원에게 흔히 들을 수 있는 말은 "거물은 처벌받지 않는다", "우리 총장님은 VIP이시다. 당신 같은 사람이 상대할 인물 아니다" 등이었다.

그래서 내가 이길여와 싸우는 것이고, 이길여를 응징하려는 것이다.

 지위 고하를 막론하고 죄를 지었으면 그에 상응하는 처벌을 받아야 한다. 나는 사람들이 말하는 것처럼 그를 거물로 인정하지 않고, 특히 VIP로는 더더욱 인정하지 않는다. 나에게 그는 그냥 이 사회의 공정 공평과는 거리가 먼 응징해야 할 적폐일 뿐이다.

 경찰은 이길여 측으로부터 불법 쪼개기 정치후원금을 받은 정치인들 명단조차 발표하지 못했다.

 또 경기도 성남의 가천대학교에서 내가 '이길여 구속촉구 시위'하는 과정에 이길여를 고소한 건은, 피고소인 이길여를 소환조사조차 안 했다. 이게 문재인 정부 경찰이다.

 이길여 개인 명의로 나의 시위에 대해 집회중지 가처분신청을 하면서, 이길여가 그의 직원들이 나를 음해하고 공격하는 사실을 전혀 몰랐다?
 그렇다면 그들이 지존으로 믿고 따르는 이길여의 이름을 도용했다는 말인가?
 아니면 이길여가 이미 자기 수하들을 통제할 힘과 권위를 상실한 식물인간이란 말인가.

 경찰은 나의 시위과정에서 발생한 모든 사건 수사에 대한 성과를 내놓지 못했다. 수사를 잘 못한 게 아니고, 제대로 안 한 것이며, 애초부터 그를 거물 또는 VIP로 인정하고 그의 범죄행위를 묵인한 것

'적폐' 이길여구속촉구 긴급기자회견에 참석한 '인천적폐청산행동본부' 일원은 대부분 인천지역에서 수십 년간 노동운동 반미운동 통일 운동을 한 투사들이다. 우리는 길병원 앞에서의 릴레이 1인시위와 함께 고소 고발 등 법적투쟁을 병행할 것이다.

이다. 이것이 어쩌면 토착비리 카르텔의 전형이리라.

　흔히들 법은 만인에게 평등하게 적용되어야 한다고 한다. 이 한국 사회가 정말 그렇게 굴러왔고, 굴러가고 있는가.

　나는 이길여같이 소위 '거물' 이라 할지라도 평생을 온갖 불법, 비리로 얼룩진 그가 법의 심판을 한 번도 제대로 받지 않는다면 이 나라의 후손들에게 공정하고 공평한 세상을 물려줄 수 없다는 주장이다.

　내가 이길여를 서울중앙지검에 고발한 지도 2년을 훌쩍 넘겼다. 이 사건이 인천지방검찰청으로 이첩돼 수사를 벌인 검사만 5명이 넘는다. 5명이 달라붙어 수사한 것이 아니고, 한 검사가 몇 달을 가지고 있다가 다른 검사에게 넘기고, 또 그 검사 역시 사건을 다른 검사에게 넘기기를 5명 째라는 것이다. 기가 막힐 노릇이다.

  담당 검사실에 전화로 채근할 때마다 "검사님이 사건을 검토하고 계십니다"는 소리만 되풀이했다.

  고발 2년 반이 지나가는 시점인 2021년 6월 중순 인천지검에서 드디어 고발인 조사를 받으러 오라는 연락이 왔다.

  나의 검찰 출두를 앞두고 인천 시민단체와 '조중동폐간을위한시민실천단'은 2021년 6월 25일 인천지검 앞에서 "'불법, 불의, 뇌물, 노조탄압' '적폐' 이길여를 구속하라"는 현수막을 펼치고 긴급기자회견을 열었다. 또한, 이날 기자회견에 참석한 단체를 중심으로 이길여 구속촉구 시위를 체계적이고 지속적으로 펼치기로 의견을 모았다.

  2021년 6월 28일.

  이틀 사건이 서울중앙지검에서 인천지검으로 이첩된 뒤 2년여 만에 고발인 조사를 받았다. 그리고 담당 검사로부터 "수사 의지가 없는 게 아니다"라는 말을 듣긴 했지만, 어딘가 찝찝함이 남았다.

  그래도 나는 모든 방법을 동원해 '적폐' 이길여가 지금까지 불법, 불의를 저지른 죄에 대한 대가를 치를 때까지 끝까지 응징할 것이다.

40일간의 노숙농성
('적폐' 이길여가 총장으로 있는 경기도 성남 가천대학교에서의 노숙농성)

경기도 성남의 가천대학교 앞에 무기한 노숙농성을 위한 텐트를 치게 된 것은 겉으로는 '박애, 봉사, 애국'이라는 설립이념을 내세우고, 뒤로는 평생을 '불법, 불의, 뇌물'로 점철된, '적폐' 이길여와의 싸움에 종지부를 찍어야겠다는 생각에서였다.

이에 앞서 인천시 남동구의 가천대학교 길병원에서 시위를 벌일 때 병원의 핵심 관계자 중 하나가 "이길여는 현재 길병원에서의 직함은 아무것도 없고, 경영에도 전혀 관여하지 않는다. 때문에, 형님은 오히려 성남의 가천대학교 시위를 집중하는 것이 나을 수도 있다. 이길여는 지금 가천대학교 총장 자리를 가장 소중한 자리로 여기고, 평생을 마감하는 순간까지 대학교에 집중할 것이다. 그러기 때문에 대학교에서 시위를 벌이는 것이 그를 효과적으로 압박하는 일이 될 것이다"고 했다. 이 사람의 말이 일부는 맞고, 일부는 틀릴 수 있다. 일부는 나를 이해하는 부분이 있을 수 있고, 아니면 철저히 자기 주군인 이길여를 위하는 '주구'의 입장일 수 있다.

'적폐' 이길여를 응징하기 위해, 불법. 불의. 뇌물의 상징 이길여 구속을 촉구하기 위해 '기름을 들고 불에 뛰어드는 심정'으로 이길여가 총장으로 있는 성남의 가천대 앞에 홀로 섰다. 매일 매일 기도와 찬송을 멈추지 않은 채.

이에 따라 나는 월요일 성남 가천대학교, 수요일과 목요일 이틀 일정으로 숙박을 하는 인천 길병원과 인천시청 시위 일정을 변경하고, 2018년 7월 경기도 성남 가천대학교 시위에 집중하게 된다.

그동안은 "'불법, 불의, 뇌물' '적폐' 이길여를 구속하라"는 피켓 하나만 들고 시위를 했으나, 이때부터는 피켓 10개, 현수막 5개를 가천

저버린 약속

대학교 앞에 펼치고 이길여와의 전면전을 시작했다.

현수막은 "'불법, 불의, 뇌물' 이길여 길 재단 해체", "이길여의 대가성 정치후원금 정치인 처벌 이길여 구속", "대국민 사기 구호, 박애 봉사 애국 적폐 이길여 구속" 등이다.

피켓은 "간통, 성추행, 음주 운전자 중용", "학원비리 철저수사",

내가 가천대에서 시위를 벌이자 총학생회가 맞불을 놓은 데 이어 대학본부가 음해성 대자보를 내걸고 직원 명의의 현수막이 여러 장 내 걸려 장관(?)을 이루었다. 내가 보기엔 마치 이길여에게 충성심 경쟁을 하는 듯 보였다. 그러나 그들도 나의 시위에 이렇게 반응하면 오히려 이길여의 죄상이 드러나는 것을 눈치챈 듯 어느날 현수막이 일제히 없어졌다.

"이길여의 눈, 귀 가리는 측근 처벌", "불법 정치후원금 끝까지 캔다", "사죄하라 이길여", "불법, 비리 적폐 대학총장 사퇴", "공갈, 협박, 교사, 절도", "충경인가! 광견인가!" 등이다.

이 구호에 대해서는 대학 측에서 나를 명예훼손으로 고발을 했고, 이를 내가 전부 입증해 무혐의를 받아냈다.

이렇게 피켓과 현수막을 걸고 시위에 들어가자 대학 측의 저항이 나날이 거세졌다.

우선 이 대학교 총학생회가 움직였다. 그들이 자발적이든 대학에서 시켜서 했든 그것은 나에게 중요하지 않다.

'적폐' 이길여가 보건복지부 공무원에게 뇌물을 주고 수백억 원대의 국가지원금을 받는 사업인 10대 연구중심병원에 선정된 혐의로 경찰청 특수수사과로부터 길병원과 대학 총장실이 압수수색을 당했고, 일부 혐의가 드러났는데, 이들이 나를 상대로 시위를 해야 하는가, 아니면 총장실을 점거라도 하고, 비리 총장 퇴진을 외쳐야 하는가.

이 학생들은 나의 수원 집까지 찾아와 초인종을 마구 누르고, 총학생회 명의로 나를 겁박하는 편지를 놓고 가기도 한다. 이때는 내가 매일 대학교에 시위하러 가기 때문에 얼마든지 시위현장에서 만날 수 있고, 그동안 만나기도 했다. 명백한 협박이다.

11월 23일 사건이 터졌다.

학교 측에서 아르바이트 학생에게 6만 원을 주고 내가 설치해 놓은 현수막을 내가 보는 데서 절단하다 잡히고, 그 자리에서 112신고를 받고 출동한 경찰에 넘겨졌다. 이 광경을 그대로 목격한 한 학생이 가천대학교 '대나무 숲'에 글을 올렸다.

> 2018.11.23. 오후 3:47:49
> 2시 30분경 정문 앞 시위 팻말 찢던 학생분…
> 이건 아니지 않나요…? 학교 측 사주 받으셨는지…?
> 연행돼 가시던데 정신 차리세요
> 솔직히 20살 넘은 4년제 대학생이시면 적어도 학교 명예를 떨어뜨리는 행동은 하지 마시죠. 같은 학생이지만 쪽팔려서 고개를 못 들겠네요….

나는 솔직히 이 사건 전 대학교 측 관계자가 내가 펼쳐놓은 피켓을 누가 동영상을 촬영해 '대나무숲'에 올렸다고 말할 때까지 '대나무숲'이 뭔지도 몰랐다.

이렇게 나의 시위로 학생들과 교직원들이 동요를 일으키는 게 보였는지 학교 측에서는 나를 음해하는 대자보를 내걸었다.

그런데 학교 측, 즉 주구들의 넘치는 충성경쟁이 그들에겐 화가 됐을까?.

또 전 교직원들에게 이메일로 내 시위가 잘못된 거라는 투로 해명하기까지 이르렀다.

학교 측이 게시한 대자보에는 "대학의 법적대응(명예훼손 고발)과 학우 여러분의 반발과 제지로 그자는 9월초 현수막과 팻말을 스스로 거두고 '다시는 나타나지 않겠다'고 말하고 철수하였습니다"고 말한다. 명백한 허위이다. 이를 바탕으로 이길여를 고소했다. 경찰이 이길여를 조사하지 않고 무혐의 처리했다. 이게 우리나라 경찰의 현실이다.

2018년 11월 19일 나의 일기다.
오늘 드디어 나의 시위에 사용되는 집회기구인 현수막과 피켓을 맡기는 대학 인근 카센터 사장이 "가천대학교 학생 복지팀 직원이 와서 짐을 맡지 말라고 은근 협박을 했다"고…
카센터 사장은 마음이 많이 상했을 텐데도 일절 동요가 없다. 고마웠다.
내가 현수막과 피켓을 가지고 갔을 때 인상 좋은 그 카센터 주인은 내 시위용품을 맡아달라는 나의 청을 흔쾌히 받아주었다.
사실, 어느 시위현장에 가나 시위용품을 보관하는 것도 작은 문제는 아니다. 시위용품 보관을 부탁하면 무슨 큰 불이익이라도 당할까 봐 두려워서 꺼리는 경우가 대부분이다.
그런데도 이 카센터는 주인뿐 아니라 직원조차도 수원에서 오가며 시위하느라 고생한다고 격려까지 해준다.

2018년 11월 21일에는 시위하러 나가보니 가천대학교 교직원 이름으로 "정성으로 쌓아 올린 우리 대학 우리 직장 '거짓으로 모독 말라'", "'사실왜곡' '허위주장' 명분 없는 1인 시위 중단하라" 등의 현수막이 수없이 걸려있어 오히려 장관(?)을 이루었다.

나는 쾌재를 불렀다.

그들이 혈혈단신 홀로 싸우는 나를 상대로 대학교 전체가 나선다는 것은 오히려 시민들로부터 더 주목받을 수 있고, 이길여와 싸운다는 것을, 내가 왜 이길여와 싸우며, 이길여는 어떤 사람인가를 학교 내의 학생 교직원뿐 아니라 더 나아가 대한민국 전체가 이길여의 민낯을 조금이라도 더 알게 되는 계기가 되지 않을까 하는 생각이 들어서이다.

이즈음부터 학교 측의 회유와 설득, 법원에 집회가처분신청을 하고, 고발도 하겠다는 엄포가 동시에 이루어졌다.

현장을 잠시라도 비웠다고 생각되면 학생처에서 구청으로 신고를 해 현수막을 철거하게 하고, 피켓을 도난당하고, 심지어 휴대전화까지 도난당하는 일이 발생했다.

현수막이 내가 보는 데서 훼손당하고, 현수막 5개가 그대로 뜯겨 도난당하고, 휴대전화가 도난을 당하는 등 사건이 한두 개가 아니었고, 그때마나 경찰에 신고했으나 똑 떨어지게 해결된 사건은 하나도 없다.

다만, 내가 보는 데서 현수막을 훼손, 절취하다 적발된 건은 경찰이 선처를 요구했고, 내가 젊은이 앞길 막지 않으려 용서를 구해 풀어줬을 뿐이지만 나머지는 경찰이 안 잡는 건지 못 잡는 건지, 사건을 해결했다는 통보를 전혀 받은 바 없다.

이처럼 가천대학교 앞에서의 장기간 시위와 지방언론, 중앙언론 등에 제보, 그리고 정치권에 이길여의 가천대학교 사학비리 등에 대한 관심과 요구가 받아들여지지 않자, 나는 드디어 가천대학교 앞

인도에 텐트를 치고 무기한 농성을 하게 됐다.

2018년 12월 5일.
 성남 가천대학교 앞에 불면 날아갈 것 같이 아주 작은 텐트를 설치했다. 기약할 수 없는 노숙농성이 시작된 것이다.
 그런데 참 특이하게도 이날은 수원의 목사님과 사모님이 우연히 점심 약속을 하고 오신 날이다. 기도하고 가셨다. 이 목사님은 성도가 하나님께 드리는 기도는 반드시 이루어진다고 믿는 아주 신실하시고 진실 되신 분이다.

 이제 언제 끝날지 모르는 지루하고 외롭고 고독한 싸움, 지금까지와는 전혀 다른, 어쩌면 목숨까지도 위태로울 수 있는 싸움이 시작된 것이다.

 2018년 7월 이곳에서 다수의 현수막과 피켓을 설치하고 혼자지만 대대적인 시위를 벌이자 나를 응원하고 지지하는 사람들이 많지는 않지만 하나둘씩 찾아오기 시작했다.
 이곳의 원주민이라고 밝힌 어떤 노년의 형제는 가천대학교 확장 가정에서 살던 집을 수용당했으며, 그 과정에서 말로 표현할 수 없는 고초를 겪었다고 하소연한다.

 가천대학교의 전신인 경원대학교 출신들의 경원대 총동문회는 이 길여가 경원대학교를 인수하면서 "경원대학교를 10대 대학교로 키우겠다" 약속하고 몇 년간은 경원대학교 이름을 쓰다가 자신의 호

> 힘 내세요!!
> (주님이 함께 하십니다)
> ♡ ♡ ♡

노숙농성을 하던 어느날 아침 자고 일어나 텐트에서 나와보니 이러한 문구가 적힌 쪽지가 붙어 있었다. 정신이 번쩍 들고 눈물이 핑 돌았다. 이 응원의 쪽지 한 장을 접한 이후 나는 결심했다. 게으르지도 말고, 나태하지도 말고 비겁하지도 말고 줄기차게 평생을 불의와 싸우자고.

를 따서 가천대학교로 이름을 바꾸자, 학교 교명을 지키려 투쟁을 벌였고, 경원대학교 총동문회 사무실까지 빼앗기고 밖으로 내몰렸으며, 이후 법적으로도 큰 고통을 당했다고 토로했다.

무엇보다 나에게 큰 힘이 된 것은 응원 문구 한 장이었다.
이 응원 문구 한 장이 어쩌면 이길여를 응징하고자 하는 나에게 전의를 불태우게 했고, 내 목숨을 걸고서라도 이길여를 반드시 처벌받게 하겠다는 의지를 더욱더 굳게 한 사건이었다.
어느날 일어나서 텐트를 나오니 텐트에 "힘내세요!!(주님이 함께 하십니다)♡♡♡"란 문구가 적힌 쪽지가 붙어 있었다. 정신이 번쩍 들었다. 그리고 확신했다. 내가 반드시 이긴다고….

나는 노숙농성을 하면서 잠자기 위해 텐트에 들어가기 전 꼭 하는 일이 있었다.
텐트 부근 도로에서 노숙하는 차량의 번호를 촬영해 몇 군데 전송하는 것이다.
혹 자다가 봉변이라도 당하면 그 차량의 블랙박스를 확보하라는 뜻이다. 그렇게 나는 신변의 위협을 느끼며 노숙농성을 한 것이다.
내가 텐트에서 자는 한밤중에 텐트를 발로 차고 가는 녀석, 술 먹고 온갖 욕을 다 퍼붓고 가는 녀석, 우산으로 찌르려 하는 늙은이 등등 별의별 인간이 다 있는 가운데도 응원문구를 붙이는 천사 같은 사람, "힘내세요 선생님!!"하며 응원하는 사람, 지나가다 음료수를 사오는 주민 등
이후 가천대학교 측은 나의 집회 시위에 대해 집회 가처분신청을

했고, 나는 이길여는 이 나라의 대표적인 '적폐'이며, 후손에게 공정하고 공평한 세상을 물려주는 데 조금이라도 기여하기 위해 이길여를 응징하겠다는 답변서를 제출했다.

주목할 것은 대학 측이 집회가처분신청을 수원지방법원 성남지원에 하면서 신청인을 학교법인 이사장, 그리고 총장 이길여가 아닌 개인 이길여 명의로 했다는 것이다.

나와 이길여의 싸움에서 개인 이길여가 등장하는 순간이고, 또한 처음이었다. 비로소 '적폐' 이길여와 내가 일대일 구도가 된 것이고, 이에 따라 이길여를 내가 직접 고소할 수 있는 여건이 마련된 것이며, 지금도 내가 개인으로 이길여를 응징할 수 있다는 확신을 갖게 되는 계기가 됐다.

그런데 내가 지금까지 성남의 가천대학교와 인천의 길병원, 그리고 인천시 연수구 옥련동 이길여 집 등 시위하는 곳의 인근 주민들이 하나같이 이길여의 과거를 거의 알고 있었으며, 이길여를 동정조차 하지 않고 나의 시위를 지지하는 분위기란 것이다.

이길여가 국민에게 존경을 받지 못하고 있다는 증거이리라.

2019년 1월 15일 학교측이 법원에 낸 집회중지가처분신청이 받아들여졌다.

학교 측이 학교와의 거리가 300m 떨어진 곳으로 시위 장소를 옮겨달라는 안까지 받아들여진 것이다.

나는 노숙농성을 하면서 주구(走狗)들의 모습을 보았다. 주군이 기르는 개이지만 진심으로 충성은 하지 않는, 표면상으로는 주군을 위해 일하는 모습이지만, 주군을 해치려는 자가 단지 자기 눈에 보이는 곳에서만 하지 않으면 주군에게 어떤 위협이 되든 상관없는, 그런 기회주의자들이었다.

그들은 그래서 늘 이렇게 말했다. "당신이 근무하다 해고당한 경인일보에 가서 시위하지 하필이면 이곳에서 하느냐?"였다.

경인일보 회장이 이길여이고, 가천대학교 총장이 이길여이고, 가천대학교 길병원의 실질적인 주인이 이길여 일진데 어디서 시위를 하던 무슨 의미란 말인가?

나는 감사했다.

끝을 보려고 시작한 시위를 스스로 접을 명분이 없었는데, 사실 체력이 고갈돼 더 버틸 수도 없었는데, 집회중지 가처분신청이 받아들여짐으로써 물러나서 재충전할 기회를 얻은 거 같아 안도의 한숨을 내 쉬었다.

그렇게 나의 가천대학교 앞 노숙농성은 몇 보 전진을 위한 한 보 후퇴를 스스로 위안 삼아 막을 내렸다. 지금도 그때 입은 동상으로 한여름에도 수면 양말을 신지 않으면 잠을 이룰 수 없다.

송광석, 운명 같은 그와 만남과 이별

　2017년 3월 28일 아침 7시에 일어나니 부재중 전화가 수십 통이 걸려 와 있다. 이 중 각별한 관계인 선배님에게 전화를 걸었다. 그 선배님은 침통한 목소리로 그가 오늘 이른 새벽 죽었다고 한다. 그 선배님은 내가 경력 기자로 경인일보사에 입사하도록 추천한 분이고, 그와 나 그리고 그 선배님은 중. 고등학교 선후배로 동문이다.
　그가 죽었다는 전화를 받고 한동안 머리가 텅 비고 눈앞이 깜깜해지는 것을 느꼈다. 눈물이 났다. 서글퍼졌다. 그렇게 속절없이 가는 것이 인생인데 왜 그렇게 자기보다 약자라고 생각되는 사람들에게 모질게 굴었을까.
　그 후 한 달여를 나는 아무것도 할 수 없었다. 밥도 제대로 못 먹고, 잠도 제대로 못 잤다.
　그가 살아있을 때, 그가 온갖 못된 짓을 해 사람을 괴롭힐 때 말 한마디 못하던 선후배들의 전화가 끝없이 이어졌다. 대부분 그가 왜 죽었냐고 물어보며 그를 욕하는 내용이다.
　한 인간이 세상에 왔다가 홀연히 떠났다. 그가 어떤 삶을 살았건,

일단 세상을 등지고 떠나면 그 삶에 대해 경의를 표할 순 없다 할지라도 그와 피치 않게 맞서 싸운 사람을 통해 대리만족을 구하려는 것은 비겁한 것이고 비열한 짓이다.

이런 사람들 전화를 받으면 속이 상했다. 나도 모르게 쌍욕이 튀어나오기도 했다. 그가 살아있을 때, 동문 선후배 관계인 그와 내가 말도 안 되는 이유를 가지고 고소, 고발 등 법정 개싸움을 벌일 때 단 한 번도 싸움을 말리기는커녕, 또 그에게 말 한마디 못하고, 오히려 그의 편에서 그를 옹호하던 자들이 그가 죽자마자 입에 개 거품을 물고 욕을 해댄다.

심지어 그 밑에서 온갖 도움을 받아 나이 70이 넘도록 직업을 유지하며 뭇 사람들로부터 대접을 받던 이조차 그가 죽은 뒤에는 "인간쓰레기"라며 그와의 차별화를 시도한다.

그의 죽음으로 인해, 나는 죽은 그에게 보다, 그로부터 온갖 수혜를 누린 자들이 그를 비난하는 걸 보고 인생의 무상함을 느꼈다.

1997년 7월 내가 경력 기자로 경인일보 입사가 결정돼 출근 날을 기다리고 있던 어느날 경인일보사의 한 선배, 이 선배는 나와 오랫동안 같은 출입처에서 취재한 막역한 선배다. 이 선배가 만나자고 연락 왔다.

"편집국 요원이 왜 업무국 추천으로 들어왔느냐?"

선배로부터 이 말을 듣는 순간 한숨이 절로 나왔다. "이 회사도 줄이 있고, 빽 있고, 파벌이 있고, 직원 간의 갈등이 있구나. 따라서 나는 나도 모르게 줄을 잘못 선 꼴이 됐구나"

전에 근무하던 회사에서도 임원 간의 갈등과 대립이 심했고, 직원들까지도 자기 뜻과는 상관없이 줄 세워지고 편 갈라지는 바람에 스트레스를 겪다 사직서를 쓰고 나왔는데, 이곳에서도 출근도 하기 전에 줄 세우기 당하는구나 하는 생각이 들었다.

 입사하면서부터 그에게 줄을 서지 않았다는 이유로, 지금까지 경기도 대부분 지방지의 본사가 있는 수원 본사 권에서만 근무하던 나는 회사를 그만둘 때까지 1차 대기발령 뒤 잠깐 본사에 근무한 것을 빼면 경인일보에서 16년여를 지역 주재만 하고 말았다. 그것도 이런저런 이유로 전임자가 불명예 퇴진하다시피 물러난 지역에서…

 이러다 보니 내 수원서 중. 고등학교를 나왔고 직장생활 또한 수원에서만 줄곧 해 온데다 집도 수원이라 생활권이 수원이면서도 수원에서의 모든 사회적 활동은 끊긴, 수원 사람이 아닌 사람이 됐다.

 그가 의도했던 안했던 어쩌면 수원에서 나의 입지와 사생활의 맥을 끊어 놓은 결과를 낳은 건 사실이다.

 그럴 때마다 그의 친구이면서 나의 선배 되는 사람들은 농담 섞인 덕담으로 그에게 "석삼이는 언제 본사로 불러올려 부장도 하고 국장도 하고 사장도 하게 할 거냐?"고 말한다.

 선배들의 이런 말이 나에게는 큰 화근으로 돌아왔다. 그렇지 않아도 늘 나를 미워해 인사때 마다 이런저런 이유로 승진에서 누락시킨 그다. 이런 말로 인해 어쩌면 내가 그를 밀어낼 수 있다는 생각을 해서 견제를 한 것은 아닐까?

 그러나 나와 그는 나이나 경력이나 연륜이나 모든 면에서 차이가 난다. 단, 그는 '장강의 뒷물결이 앞 물결을 밀어낸다' 는 속담이자 인생사 기본원리를 부정하고, 길이길이 그 자리를 보전할 수 있으리라 생각했을까, 아니면 자기의 권위나 자리를 위협한다고 생각해 용납할 수 없다는 것일까.

  2009년 1월 31일 2개월 대기 발령을 받고 얼마 지나 지인의 주선으로 사장실에서 그와 회동을 하게 된다.

  나는 강력하게 경고했다. "다시 한번 이런 짓을 하면 가만두지 않겠다. 사람들은 당신을 대단한 사람으로 생각하겠지만, 나는 당신을 천박하고 비겁한 사람으로 생각할 뿐이다"고 말했다.

  사장실 문을 닫고 2시간 반을 대화하는 동안 그는 내 눈을 단 한 번도 똑바로 보지 못했다.

  그만큼 그는 여린 면도 있는 사람이다. 관계가 껄끄러운 나와는 일대일 대면도 자신감이 없어, 그가 나를 만날 일이 있으면 동석자를 함께 부르곤 했다.

  다만 귀가 얇고 자신감이 없는 성격이라 이간질하는 아부꾼들 유혹을 뿌리치지 못한다. 나를 대기발령 할 때도 그랬고, 해고할 때도 그랬다.

  문제는 그의 주구(走狗)들이다.

  밑에서 개노릇하는 자들이 주군을 오도하면 그 조직은 망할 수밖에 없는 이치를 그는 깨닫지 못해서, 정작 본인이 위기에 처했을 때는 외롭고 비참함을 느꼈으리라.

  그가 살아있을 때는 그에게 비열하고 비겁할 정도로 머리를 조아리며 아부하던 그의 개들이 그가 세상을 떠난 후에는 앞다투어 그를 비난하는 모습을 보며, 나는 인생무상을 느끼고 오히려 죽은 그가 그렇게 불쌍하게 생각될 수가 없었다.

  돌이켜 보면 후회스러운 면이 있다. 나는 그에게 일방적으로 당했기 때문에, 그를 돌이켜 볼 겨를이 없었다.

　그가 죽기 전에 나에게 만나자는 제의를 여러 번 했다.

　그러나 나는 그때마다 그가 보낸 문자에 대한 답조차 하지 않고 외면했다.

　거기에는 그럴만한 이유가 있긴 하다. 이미 고인이 돼 말이 없는 사람을 놓고, 내가 복직된 후 사퇴를 하기 전 그와 한 약속 내용을 거론하고 싶지는 않다.

　다만, 그가 죽기 전 만나자고 한 것에 대한 거부의 이유는 될 것 같아서 이를 거론한 것이다.

　지금도 그와 대화한 문자를 들여다보면, 예수를 믿고 철학을 전공한 철학도인 내가 그를 왜 용서하고 품지 못했을까.

　용서는 둘째 치고 왜 한번 만나주지도 못했을까.

　"죄는 미워하되 사람은 미워하지 말라"

　수양이 부족한 나에게는 너무 어려운 말이다

인천시 연수구 옥련동 이길여 자택 앞 시위 30여 개월

'이길여 구속촉구 집회' 1인 시위를 하면서 만나 본 인천 사람들은 대부분 이길여의 길병원이 급성장한 계기를 전두환 독재정권 시절 전두환의 동생 전경환과 이길여의 인연으로 꼽는다.

1988년 전경환이 대기업 등으로부터 뇌물을 받아 챙긴 혐의로 구속되면서, 이 중 이길여한테 받은 뇌물수수 혐의를 언급한 공소장 내용이 참 특이하다.

대부분 뇌물을 줄 때는 자신에게 직접적인 이익을 바라보고 주는 것이 보통인데, 이길여는 남이 추진하고 있는 사업을 하지 못하게 부탁을 했다.

공소장에는 이길여가 전경환에게 뇌물을 준 이유를 인천시 관내 모 대학에서 추진하고 있는 대학교 종합병원 설립을 막아달라는 것이었다.

이 대학교에 종합병원이 들어서면 길병원의 영업에 막대한 지장을 초래할 수 있다는 것이다.

이 부분, 즉 이길여와 전경환의 관계를 나이가 있는 인천 사람들의 대다수가 알고 있으며, 그 시점을 계기로 길병원이 성장했다고 보는 것이다.

2019년 2월 9일 인천시 연수구 옥련동 이길여 자택 부근 도로에서 1인 시위를 시작해, 이곳에서만 해를 두 번 넘겨 어느덧 30개월을 지난다.

수원 영통구에 사는 내가 대중교통을 이용해 인천 연수구 옥련동 이길여 집까지 오가는 여정은 그야말로 '산 넘고 물 건너는' 힘든 일정이다.

새벽에 일어나 수원 버스터미널에서 직행 버스를 타고 인천 버스터미널에 내린다. 인천 버스터미널에서 전철로 동막역까지 이동, 동막역에서 다시 버스를 타고 송도유원지에서 내리면 청량산이 나를 맞이한다. 청량산 밑이 이길여 집과 가천문화재단 및 가천박물관 그리고 부속건물 몇 채가 있는 '이길여 타운'이다.

이길여 집과 마주 보는 길 건너에도 길재단의 또 다른 건물이 있다. 이러한 모든 건물 중 일부는 건축허가 당시부터 인천 지역서 구설에 오른 적이 있다.

게다가 나는 1인 시위인데도 불구하고 혹시라도 발생할지 모르는 위협 상황 시 경찰의 보호를 받기 위해 매달 집회신고를 반복하며 시위를 벌인다.

집회신고 시 집회 명은 "'적폐' 이길여 구속촉구 집회"라고 하고, 집회 목적은 "'적폐' 이길여 구속촉구 집회를 함으로써, 후손에 공정하고 공평한 세상을 물려주는 데 조금이라도 기여하기 위함"이라고 적는다.

'시위 도구' 란에는 "피켓 1개, 현수막 1개"이다.

현수막과 피켓은 가천대학교 시위 당시부터 사용하던 것이고, 내

인천시 연수구 옥련동 이길여집 주변은 온통 '이길여 타운'이다. 이제는 색이 바래 누렇게 된 피켓과 현수막을 걸고, 시위를 시작할 때는 우선, 피켓을 들고 이길여 집을 중심으로 한 바퀴 돌고 찍은 사진과 간단한 글을 SNS에 올린다. 다음은 도로변에 설치한 현수막 앞에서 피켓을 들고 지나는 출근 차량을 상대로 이길여의 죄악상을 알리는 1인 시위를 벌인다.

용도 같은 것이다.

　우선, 현수막은 "대국민 사기구호 '박애, 봉사, 애국' '적폐' 이길여 구속"이다.

　피켓에는 "'불법, 불의, 뇌물' '적폐' 이길여를 구속하라"이다.

　인천으로 자리를 옮겨 시위를 다시 시작하던 초기 아침 출근 시간에는 이길여 집 앞에서 인근 주민들과 이곳을 통행하는 차량들을 상대로 이길여 구속의 당위성을 알리고, 점심시간에는 인천지방검찰청 앞에서 피켓만 들고 점심 식사하러 오가는 검찰청 직원들을 상대로 시위를 벌였다. 그러다 지금은 옥련동 이길여 자택 시위에 집중하고 있다.

　처음에 도로변에 현수막을 내 걸면서 바로 접해있는 식당에 양해를 구했다. 영업에 지장을 주지 않기 위해 점심 손님이 들어오기 전까지만 한다고도 했다.

　이 식당 주인뿐 아니라 지원들조차도 나의 시위에 대해 찬성하거나 우호적으로 바라보는 눈치다. 내 시위용품을 잘 보관해 주기도 한다. 시위용품을 맡길 곳이 없으면 참으로 난처하다.

　대중교통을 이용하는 사람에게는 시위하러 오갈 때마다 지참하고 다니는 것이 너무 불편하고 힘들기 때문이다.

　옥련동 주민들과 이곳을 지나는 차량 운전자들의 호응이 대단하다. 차를 세우고 내려서 사진을 함께 찍자고 하는 사람, 연락처를 달라고 하는 사람, 차 창문을 내리고 엄지를 치켜세우는 사람 등등

　이곳에는 어느 할머니가 운영하는 동네 어르신들에게 사랑방 같

은 '길거리 다방'이 있다. 작은 천막으로 꾸며진 실내에는 5~6명 정도 들어갈 수 있는 공간이다. 커피 한 잔에 500원이다. 컵라면도 판다. 그래도 종류가 꽤 다양한 편이다.

　나는 이곳에 도착하자마자 피켓을 들고 이길여 집을 중심으로 동네 한 바퀴 돌며 시위를 하며 셀카를 찍는다. 어쩌다 지나가는 사람을 만나면 부탁을 해 사진 촬영을 하기도 한다.

　이길여 집 주변은 CCTV 카메라 투성이다. 내가 한 바퀴만 돌아도 시위하러 온 줄 금방 알아 챌 것이다. 일종의 신고식이다. 이제는 아주 습관처럼 만나는 사이가 된 거 같다. 비록 간접적이지만….

　인생 말년에 '적폐' 이길여는 자기를 응징하겠다며 구속촉구 시위를 하는 나의 모습을 보고 무슨 생각을 할까?

　훌륭하게 국가와 사회를 위해 평생을 살아왔다고 자부하며 나의 시위를 단지 자기 명성에 흠집 내려는 시기, 질투 행위로 볼까?. 아니면 정말 참회하는 마음을 단 한 번이라도 가져볼까.

　내가 생각하기엔 후자는 절대 아닌 것 같다.

　왜냐하면, 이길여의 길재단이나 길병원이 그동안 저지른 불법, 불의에 대해 이 사회를 향해 단 한 번의 대국민 사과도 없었기 때문이다.

　이 할머니가 운영하는 '다방'에 가서 SNS에 시위 상황을 올리고 커피를 마신다. 늦게 일어나 아침밥을 먹지 못한 날은 급한 대로 컵라면을 시켜 먹는다. 시위하는 동안 나에게도 이 다방은 '사랑방'이며, 동네 어른들과 대화를 나누는 소통의 장소이다.

　이길여 집 시위를 한 달 한 달 계속해, 2020년으로 접어들고도 여

인천에서 대표적으로 반미운동, 국가보안법 철폐 운동을 하는 사람 중의 한 명인 이용수씨는 '적폐' 이길여를 응징하는 일이라면 언제든지 동참하겠단다. 이용수씨와 같은 정의로운 투사가 있기에 나의 투쟁도 외롭지 않고 큰 힘이 된다.

름이 시작되는 시점에서 운명처럼 한 사람을 만나게 된다.

그가 바로 내가 위대하다고 여기고 존경하는 선배이자 동지인 투사 엄성태이다.

나는 한동안 페이스북을 안 하다가 오로지 이길여의 죄악상을 세상에 알리고, 이길여의 구속촉구 시위를 알리기 위해 페이스북 활동을 재개했으며, 엄성태 선배도 페북을 통해 알게 됐고, 그가 나의 실상을 알게 되면서 동지적 관계로 발전했고, 엄성태 선배가 이끄는 '인천참언론시민연합'의 일원이 됐다. 인천참언론시민연합은 언론개혁을 목적으로 설립됐으며, 언론개혁을 위해 싸우고 있는 나와 뜻이 맞고 또 평생 언론사에서 기자로 활동하며 언론개혁을 위해 싸운 나의 경험이 그 조직에 조금이라도 도움이 될까 해서 흔쾌히 인천참언론시민연합의 일원이 됐다.

투사 염성태는 대우중공업 노조위원장을 비롯해 평생을 사회개혁과 정의를 위해 싸운 사람이다.

요즘 시민사회단체가 그 본질에서 벗어나 왜곡되고 변질됐다는 점을 누구나가 공감하는 가운데에서도 염성태 선배는 자기의 이익을 구하지 않고 선명하게 투쟁하는 데만 몰두하는 사람으로 정평이 나 있다. 그래서 그의 사상과 행동 방침이 나와 같은 점이 많아 존경하고 동행하게 됐다.

이즈음 나의 이길여집 시위에 대해 '인천의 살아있는 양심'들이 한 명 두 명 공감과 함께 연대 의사를 전해오기 시작했다.

이 중 누구는 나에게 "미안하다, 사과한다"고 했다. 인천 사람도 아니면서 인천의 '적폐'이길여를 응징하는 모습을 보고, 또 인천 사람인 자기들도 못하는 것을 당신이 해서 고맙다고도 했다.

개인택시 운전을 하는 인천의 어느 사회단체 대표는 내가 현장에 도착해서 시위하는 장면을 페북에 올린 글을 보고 한걸음에 달려와 피켓을 들고 시위에 동참하기도 한다.

2021년 새해 첫날은 '인천참언론시민연합' 염성태 상임대표와 황진도 공동대표가 이길여 집 시위에 동참했다. 이날은 확성기까지 동원해 염성태 대표와 내가 연설을 하고, 황대표께서 동영상을 촬영했다. 황진도 대표는 현재 교육민주화동지회 회장을 맡아 왕성하게 활동중이다.

이 동영상이 인천 시민사회단체에 큰 공감을 이끌어냈다.

또 삼성의 계열사인 이천전기 소속으로 해고자 신분이 돼 평생을 삼성과 싸우고 있는 삼성일반노조 위원장 김성환 형은 언제든지 이길여 집 시위현장에 달려올 준비가 돼 있다는 태세다.

2021년 1월 1일 새해 벽두. 인천참언론시민연합이 인천시청에서 노숙농성을 하고 있던 와중에 염성태 상임대표와 황진도 공동대표가 나의 이길여집 시위에 동행하겠다고 해서 같이시위를 벌였다. 내가 사랑하고 존경하는 분들이다. 염성태 대표는 평생 노동운동 반미운동을 하며 진보정치를 하신 분이다. 황진도 대표는 전교조 해직교사 출신으로 89년 전교조 해직교사 원상회복을 위해 지금도 동분서주하고 있다.

　내가 이길여를 고발한 지 2년여 만에 인천지검에서 고발인 조사를 받기로 한 며칠 전 인천시민단체 여러 군데서 연합해 이길여 구속을 촉구하는 긴급 기자회견을 했다. 이 기자회견이 이길여의 길병원 앞에서 릴레이 1인 시위를 벌이는 시발점이 된 것이다. '인천의 양심'이 불법, 불의, 뇌물과 노조탄압의 상징 '적폐'이길여 응징에 나선 것이다.

　사실 그렇다. 이길여는 적폐 중의 적폐이며, 토착비리의 원흉이기도 하다. 그는 법이 마치 자기 발아래 있는 양 지금까지 온갖 불법, 비리를 저질러도, 세상을 비웃기라도 하듯 멀쩡하게 잘 산다. 이런 사람의 죄상과 부도덕성을 세상에 낱낱이 드러내 그에 합당한 처벌을 받게 하지 않는다면 어찌 이 사회가 제대로 된 사회라고 할 수 있겠는가.

  내가 이길여를 응징하려는 이유는 단 한 가지이다. 정부가 적폐청산을 아무리 외쳐도 나 같은 사람이 나와 이해관계에 있는 불의, 즉 적폐와 싸우지 않으면 안 된다는 신념이고, 나의 이런 투쟁이 '전거'가 되어 전국의 '깨어있는 행동하는 양심'들이 각 지역에서 암적 존재로 기생하며 이 나라의 발전과 지방자치 발전을 가로막는 수구 기득권 부패세력과 각자의 위치에서 싸우는 운동이 들불처럼 번지기를 바랄 뿐이다.

  오직 하나 이 땅의 후손들에게 정의가 살아있음을 알리고, 그들에게 공정하고 공평한 세상을 물려주는데 손톱에 때만큼이라도 역할을 하자는 일념과 함께.

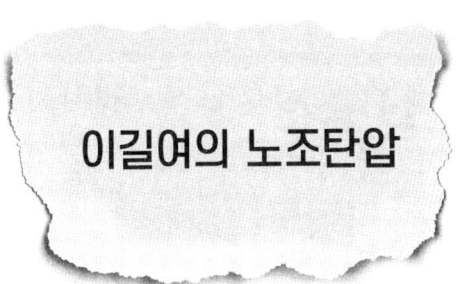

이길여의 노조탄압

2019년 1월 21일 가천대학교 길병원 노동조합은 기자회견을 열고, 병원 측이 조합원들의 탈퇴를 강요했다고 폭로하고 녹취파일을 공개했다.

한 간호사가 수 간호사로부터 조합탈퇴를 강요받았다는 것이다. 수 간호사가 "탈퇴하지 않으면 부서 그냥 찢어 놓겠다. 그렇게 하고 싶지 않으면 날퇴하라"고 말했는가 하면, 또 다른 조합원은 노조 탈퇴를 하지 않으면 승진이 되지 않는다고 협박받았다고 폭로했다.

조합원들은 길병원 부서장이 주는 점수 목록에 애사심 항목이 있는데, 조합원들은 이 항목에서 빵점이라는 협박을 받는다고 들었다고 말한다. 심지어 사 측은 수 간호사에게 조합원들을 기존 노조, 즉 회사에 우호적인 노조에 가입시키라고 강요까지 한다는 것이다.

이길여의 가천대 길병원의 노조탄압이 노조설립 당시부터 교묘하고 비열하고 비겁한 방법, 즉 헌법에 보장된 노동삼권을 비웃기라도 하듯 여전히 현재진행형이다.

노조는 보호받지 못하고, 노조를 탄압하는 사 측은 오히려 노동

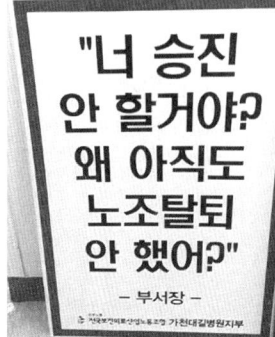 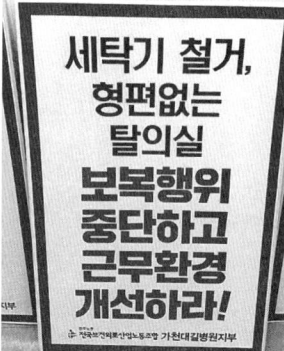 

> '적폐'이길여의 길재단 설립이념은 '박애, 봉사, 애국'이다. 그런데 이길여는 파업하는 노조원에게 구내식당 이용을 차단할 정도로 비인간, 반인권적이다. 이길여의 주구(走狗)들은 노조원을 회유하고 협박하고 노조탈퇴를 비열하고 집요하게 강요한다.

부, 경찰, 검찰로부터 보호받는(?) 웃지 못할 일들이 벌어지고 있다.

2018년 7월 20일 설립된 가천대학교 길병원 노조는 설립 초기부터 사 측의 노조탄압에 시달려 왔고, 3년이 넘은 현시점에서도 노조탄압은 노골적으로 계속되고 있다.

가천대 길병원 노조는 설립 당시 보건복지부 공무원에 3억 5천만 원의 뇌물, 병원 내 커피숍등 수익사업 회장 일가 운영 및 보직자 자녀 특혜 등 부정부패 척결 의지를 천명했다.

강수진 지부장은 "가천대 길병원은 온갖 직장 갑질에 공짜노동, 그리고 열악한 노동환경에 놓여있다. 그리고 부패사건도 세상에 많이 알려져 있다. 그러나 어떠한 개선 가능성도 보이지 않는다. 새롭게 만들어진 노동조합은 전체 직원의 뜻을 모아 갑질을 청산하고 노동이 존중받는 병원, 부정부패가 없는 병원, 희망을 만드는 병원을 만들도록 노력하겠다"고 말했다.

가천대 길병원의 노조설립 당시에 대한항공, 아시아나 등 항공사의 갑질이 세상을 떠들썩하게 하는 가운데 가천대학교 길병원의 갑질과 부정부패가 떠올랐다.

그동안 이길여의 불법, 비리 사건이 이어졌는데도 이런저런 이유로 이슈화되지 못하고 묻히고 만 것이다.

보건의료노조는 "가천대학교 길병원 직원들은 회장 생일에 맞추어 부서별로 축하 동영상을 찍고, 사택 관리와 사택 내 행사에 동원된다는 증언이 있고, 전체 직원을 역량을 강화한다며 회장 기념관 견학까지 강제하고 있다. 또 회장 집무실과 별도로 VVIP 병실을 전용 사용하며 물리치료, 피부관리, 영양사 등을 사적으로 이용하고 있다"고 밝혔다.

말하자면, 가천대학교 길병원 노조설립은 이러한 길병원, 즉 이길여의 갑질에 대한 '을'의 반란인 것이다.

가천대학교 길병원 직원들은 새로운 노조설립을 하던 2018년 4월부터 〈길병원 직원모임〉이라는 카카오톡을 만들어 자신들이 겪은 갑질의 아픔을 나누고 해결방안을 모색했다. 또 병원에 이미 존재하고 있는 노조에도 이를 요구했다.

그러나, 병원 측과 기업노조는 무응답으로 일관했다. 조합원이 600명에 이르는 기업노조는 제기되고 있는 각종 갑질에 아무런 응답이 없었다. 오픈 카카오톡 〈길병원 직원모임〉에서는 이를 성토하고 때마침 다가오는 위원장 선거는 직선으로 진행해, 직원의 아픔과 함께하길 기대했다. 그러나 돌아온 답은 없었고, 기업노조는 단 8명의 대의원이 간선으로 위원장을 선출했다. 직원들은 병원의 무응답과 기업노조의 행태에 다시 절망하고 분노했다. 그 절망과 분노가 곧 민주노조의 설립으로 이어진 것이다.

보건의료노조는 "가천대학교 길병원의 갑질과 열악한 노동조건, 부정부패는 십수 년 전 민주노조가 각종 악질적 탄압으로 좌절된 이후 심화 됐다. 즉, 내부에서 갑질을 제어하고 노동조건을 개선해 투명경영을 이끌어 갈 동력이 없었다. 새 노조의 출현은 바로 그 힘을 만드는 과정이 될 것"이라고 밝혔다.

강수진 지부장이 이끄는 새 노조설립 당시 가천대학교 길병원의 갑질과 부패, 그리고 열악한 노동 현실은

1. 회장 생일축하공연 동원 등의 갑질이 직원을 회장의 전유물처럼 사유화하고 신격화
2. 최소한의 근로기준법을 지키지 않고 공짜노동을 강요. 출근 시간은 기록하되, 퇴근 시간은 기록하지 않는 출퇴근 관리 관행, 다시 말해 시간 외 근로가 입증되지 않게 해 공짜노동을 강요.

3. 자유로운 사용이 보장되지 않고, 사용자의 지휘 감독을 받는 간호부 교대 근무자를 1시간여 휴게 시간을 부여했다며 공짜 노동에 내몬 것.
4. 연차휴가사용을 강제하고 실제 사용하게 되면 온갖 눈치를 다 주고, 이 때문에 근무를 하면 연차 사용으로 둔갑한다. 게다가 지난 5월(2018년)부터 차세대전산시스템정착을 위해 이른 출근과 늦은 퇴근, 휴일 근무를 계속하고 있지만, 시간 외 근무에 대한 보상은 없었다.
5. 전기시설업무의 경우에는 실제 감시단속업무로 취급될 수 없는 상황이 상당하지만, 감시단속업무로 신고해 불이익을 주고 있다.
6. 갖가지 공짜노동이 횡행하고 있는 가운데 길병원 현장은 인력 부족으로 노동 강도가 높다. 이 때문에 모든 부서에서 인력 부족에 따른 고통을 호소하고 있지만, 아랑곳하지 않는다.
7. 고용의 질 역시 낮다. 비징규직으로 공용된 기간제 노동자는 상시 지속업무를 맡아 왔음에도 2년마다 어김없이 잘려나간다. 숙련자는 잘리고 그 자리는 또 신규가 맡는다. 선임자는 자신의 업무 이외에 신규교육까지 담당한다. 자연스레 노동 강도가 높아질 수밖에 없다. 질 낮은 고용은 환자에게 고스란히 피해가 전가된다. 질 낮은 고용이 환자 안전을 위협하는 질 낮은 의료로 연결될 수 있기 때문이다.
8. 모성보호도 열악하다. 육아기 단축 근로는 그림의 떡이고, 교대 근무자의 경우 노동조합이 있는 병원의 경우 임신 12주 내 36주 이후 임신부 근로시간 단축을 인수인계를 감안, 적치해 사

용하고 있으나 가천대학교 길병원은 언감생심이다.
9. 성인지적 성희롱 대처 방안도 문제로 제기되고 있다. 현재 가천대 길병원에는 성희롱 신고센터가 있지만, 센터 담당자에 대한 과거의 행태에 대한 논란이 있다.
10. 부정부패도 심각하게 대두되고 있다. 지난 5월 말(2018년)에는 보건복지부 고위공무원에게 3억 5천여 만 원의 뇌물제공에 대한 언론 보도가 있었다. 여기에 병원 내 커피숍까지 회장 일가가 운영하며 특혜를 주고 있다는 이야기도 있다. 또한, 보직자 자녀에 대한 휴가 등의 특혜도 제기되고 있다.

이처럼 새로운 노조가 설립됐음에도 가천대학교 길병원 측 노조탄압은 여전했고, 2018년을 마감하는 연말에 급기야 노조 총파업이라는 투쟁 과정을 거쳐 2019년 1월 1일 인천지방노동위원회의 사후조정합의로 파업사태를 해결하는 등 소기의 성과도 있었지만, 이 또한 사측과 이길여에 대한 여론 악화를 우려한 마지못한 합의라는 것이 중론이다. 왜냐하면, 이길여는 매년 신년사를 발표하는데, 노조탄압과 노조의 장기파업이 이길여 이미지를 손상시킬 우려가 있다는 내부 의견과 지노위의 조정이 역할을 한 것이라는 분석이다.

가천대학교 길병원의 노조탄압은 해를 넘겨 2019년에도 계속된다.

급기야 강수진 지부장은 그해 8월 30일 병원 측의 조합원 탄압에 반발하며 무기한 단식에 들어간다. 길병원 노조는 2019년 단체교섭이 진행되는 과정에서도 조합원 탈퇴공작과 노조와해를 조직적으로 해왔다고 폭로한 것이다.

8월 28일 열린 노조의 병원 로비 집회에 병원 측 중간 관리자 40여 명이 사전 집결해 참가자를 감시하며 출입을 막은 것은 물론 회유와 협박을 일삼았다는 것이다. 노조는 "병원과 간호부는 보건의료노조 길병원 지부 설립 이후 조합원을 지속적으로 괴롭히며 탈퇴공작을 자행했다"면서 "단체교섭 과정에서도 병원과 간호부의 조합원 탈퇴공작은 대담하고 조직적이었다"고 밝혔다.

앞에서는 성실 교섭을 하는 척하지만 정작 뒤에서는 조합원 탈퇴공작과 노조와해를 시도했으며, 일부 관리자들은 이길여에게 충성경쟁을 벌이기라도 하듯 "파업을 하면 병원이 망할 것", "직장을 폐쇄하겠다"며 유언비어를 유포하고 공포 분위기를 조성한다.

단식농성에 나선 강 지부장은 병원과 간호부를 향해 조직적인 노동조합탈퇴공작을 중단하고 현재 진행되고 있는 교섭과 쟁의조정에 성실히 임해 줄 것을 촉구했다.

심지어 이길여의 길병원은 노조가 파업하자 노조에 공문을 보내 "파업 참여자 식당이용 제한"이라는 치졸한 방법까지 동원한다.

길병원 노사는 2020년부터 2021년 1월까지 19차례의 협상 끝에 합의에 이르지 못했고, 길병원 노조는 2021년 1월 20일부터 부분파업에 돌입했다.

길병원 측은 1월 25일 노조에 공문을 보내 "파업 참여자들이 직원신분증 및 식권을 이용해 직원식당을 이용하고 있다. 직원식당은 근로를 제공한 직원에게 식사를 제공하는 곳이니 파업 참여자들의 식당이용을 제한한다"는 입장을 통보했다.

이에 노조는 "파업 참여자도 엄연한 병원의 직원이며 근무지의

> 가천대길병원 노조는 병원 측이 교섭에 불성실하게 응하자 2021년 새해 인천시 연수구 옥련동 이길여 집 뒤, 가천박물관 앞에서 성실교섭을 촉구하는 항의 집회를 열었다. 내가 경기도 성남의 가천대에서 노숙농성을 벌이며 2018년 12월 31일 해를 넘기고 2019년 1월 1일 새벽 길병원 노조는 병원 측과 협상을 하고 파업을 풀었다. 그 밤, 나는 딸 같은 노조원들을 생각하며 하염없이 울었다. 그리고 이길여의 민낯을 만천하에 샅샅이 드러내겠다고 결심했다.

상황에 따라 파업참가와 근무를 병행하는 직원도 있다"며 " 파업이 종료되면 복귀해 병원을 위해 일 할 노동자들로 파업에 참가한다는 이유만으로 식당 출입을 제한하는 것은 비상식적 조치로 일부 노조원들은 '길병원스럽다'"고 지적했다.

길병원 측은 2018년 전국보건의료노조 '가천대길병원노조' 노조가 설립되고 진행된 파업 당시에도 1천여 명에 달하는 파업참가 노조원들의 식당 출입을 막아 비난을 산 적이 있다.

길병원 노조는 "현재 파업사태는 병원 측이 노동조합과의 대화 노력은 하지 않은 채 불성실교섭으로 일관했기 때문"이라며 "타 병원 수준의 임금인상, 코로나 19 관련 긴급한 현장문제 해결, 비정규직 정규직화, 합리적 인사제도 마련, 인력 부족 문제 해결, 노조 활동 보장 등의 최소한의 상식적인 요구를 놓고 성실한 교섭에 임해야 한다"고 주장했다.

2020년 6월 23일 가천대 길병원 노조는 가천대 길병원 관계자 13명을 부당노동행위와 노조법 위반 혐의로 중부지방고용노동청에 고소한다.

노조는 이날 고소장을 접수하면서 기자회견을 갖고 "가천대 길병원은 조직적인 노동조합 탈퇴공작과 노동조합 혐오를 멈추고, 노사관계 성상화에 나서라" 외쳤다.

길병원 노조는 2019년 6월 5일에도 유사한 내용으로 고소를 했지만, 노사관계 발전을 위해 대승적 차원에서 고소를 취하한 바 있다.

그러나 노조는 2020년 노조로부터 고소당한 13명 중 처벌을 받은 사람이 단 한 명도 없다고 말한다.

이길여 길병원의 노조탄압은 노조설립 당시부터 지금까지 계속되고 있다.

마치 이길여가 재단 설립이념이자 가천대학교 교훈으로 내세운 '박애, 봉사, 애국'을 스스로 짓밟는 것처럼.

'노동이 존중돼야 한다'고 외치는 문재인 정부에서 조차도….

4부 정부기관 투쟁과 정에서 접한

정부도 강자의 편이다. 문재인 정부도 관료 집단을
개혁하지 못하고, 장악하지 못한 것인가.

노동법과 노동위원회
탈세 제보 결과와 국세청, 그리고 검찰 고발과 법정구속
공정거래위원회 신고와 그 결과

노동법과 노동위원회
(고용노동부는 노동자 편인가 사업자 편인가)

　2020년 11월 25일 전국민주노동조합총연맹(민주노총)은 문재인정부가 추진하는 노동법 개정 저지 등을 위해 전국 곳곳에서 조합원 10명 미만이 참여하는 소규모 집회를 동시다발로 열었다. 이날 집회는 끊임없는 개혁을 주장하고 임기 내내 적폐청산을 약속한 문재인정부에서 역설적이고 상징적 행사이다.

　민주노총은 이날 전국 16개 지역에서 집회를 열고 '노동법 개정 저지'와 '전태일 3법 통과' 등을 촉구했다.

　민주노총은 이날 더불어민주당 서울시당 앞에서 기자회견을 열고 "국제노동기구(ILO) 핵심협약 비준을 준비하는 정부가 그와 반대되는 노동법 개정안을 밀어붙이고 있다"며 "이것은 노동 현장에서 단체 행동을 하지 말라는 내용이다. 이명박. 박근혜 정부 때도 하지 않았던 것을 촛불 정부인 문재인정부가 하고 있다"고 말했다.

　이어 "전태일 열사가 50년 전 노동기본권 보장을 외쳤지만, 지금도 지켜지지 않는 현실을 마주하고 있다"며 "노동법 개정 저지와 전태일 3법 통과는 당연한 요구사항이다. 정부가 노동법 개악을 멈춘

다면 즉각 총파업과 집회를 철회하겠다"고 말했다.

민주노총이 입법을 요구하는 전태일 3법은 중대재해기업처벌법 제정, 5인 미만 사업장에 대한 근로기준법 적용, 특수고용노동자의 노조권 보장 등이다.

며칠 지난 12월 25일 국회 환경노동위원회는 더불어민주당 단독으로 전체회의를 열고, 노동법 개정안을 의결했다. 금속노조는 그동안 민주노총의 파업 등 투쟁의 성과로 일부 개선된 점도 있지만, 여전히 산별노조와 노사관계 자율성을 무시하는 개악이라고 성토했다.

이날 더불어민주당이 단독으로 개최한 국회 환경노동위원회는 노동조합 및 노동관계조정법과 공무원노조법, 교원노조법 등을 통과시켰다. 민주당은 자본의 요구를 받아 탄력근로제 기간을 3개월에서 6개월로 확대하는 근로기준법도 처리했다. 과연 친노동자 정책을 펴겠다고 주장하며 출범한 정부인가 싶은 장면이다.

2011년 1월 18일 나는 회사에서 두 번째 대기발령을 받았다. 2개월이 지나도 복직하지 못하면 자동면직, 즉 해고되는 것이다. 한 회사에서 똑같은 이유로 대기발령을 2년 간격으로 받은 것이다. 이것은 불의, 불법한 사장이 바른말 하는 나를 작심하고 계획적으로 자르려는 것이다. 주요 '죄목'이 '지대미수', 즉 회사와 주재기자가 맺은 노예계약에 의해 실제 유가 부수보다 많은 부수의 값을 부담하도록 강제 계약을 하고, 그 신문값을 회사에 지불안했다고 대기발령을 하고 해고하는 것이다. 예상대로 2개월이 지나 복직 못하면서 해고됐다.

나는 노동위원회에 제소했다.

나는 사실 해고될 만큼 잘못한 것이 없어 지방노동위원회로부터 부당노동행위 판정을 받고 쉽게 회사에 복귀할 줄 알았다. 그러나 이러한 나의 판단은 큰 오판이었다. 한마디로 냉엄하고 불의한 세상에 대한 물정을 전혀 모르는 순진한 생각이었다.

보기 좋게 깨져 산산조각이 났다. 나는 단지 내가 정의로우면 세상도, 특히 정부기관은 정당하게 법대로 내 편을 들어줄 줄 알았다. 만약 내가 지금까지 불법, 불의했다면 부당해고라고 주장하지도 않았을 것이고, 또 그런 상황에서 이겨야 한다고 생각해 본적이 단 한 번도 없다.

내가 해고로 이어지게 된 징계위원회 회의록을 보면 더욱 가관이다.

징계위원 중 사측 위원 4명의 발언을 보면 주요 징계요인이 지대 미수이다. 이 당시 내가 회사의 부당한 계약체계에 의해 납부해야 할 지대는 내가 회사로부터 받아야 할 누적된 업무추진비보다 적다.

여기서 회계담당 국장은 "퇴직금 중간정산 후 미수금이 그대로 남아있다. 계속 누적되어 금액이 크게 늘었다"는 표현을 함으로써 퇴직금을 강압적으로 중간 정산해서 편취했다는 사실을 스스로 인정하고 있다. 또 이 국장은 내가 회사로부터 받아야 할 미지급된 업무추진비가 얼마냐는 노조위원장 질문에 "대략 4천 8백만여 원 된다"고 말해 나를 징계하는 이유가 단지 돈 때문이 아니라는 뉘앙스를 풍긴다.

 이 국장은 추후 내 고발로 벌금 500만 원에 처해지고, 국세청 세무조사를 통한 고발사건에 의해 범죄행위가 드러나 법정 구속된다. 이러한 범법자가 단지 부당한 지대미수 건을 가지고 "해임 사유에 해당하나 권고사직 정도는 돼야 한다고 생각한다"는 주장을 징계위원회에서 편다.

 이날 징계위원회 심의 결과는 추후 해임으로 이어지는 대기발령 2개월에 처해지며, 단서로 지대미수금 전액 해결시 인사심의를 거쳐 전보인사하는 것으로 결정했다.

 나의 징계사유가 기. 승. 전 지대미수임을 확인한 것이다.

 이 부당한 지방지의 신문 지대 체계가 20여 년 경력의 기자를 모질고 고통스러운 고소. 고발 등 법정 싸움으로 내몬 것이다.

 지방노동위원회에서 보기 좋게 패하고 중앙노동위원회에 재심을 청구했다.

 중앙노동위원회에 재심을 청구하면서 우리는 재심이유서를 통해 회사의 대기발령 조치가 부당한 이유를 조목조목 주장했다.

 먼저, 우리는 초심 지방노동위원회의 결정에 대해 반박했다.

 초심 지방노동위원회는 "지대미수금의 금액이 적지 않고, 지대 미수가 장기간에 걸쳐 발생한 사정을 감안할 때, 이 사건 사용자에게 경영상 적지 않은 손해를 야기한 것으로 판단됨으로 징계 사유로 삼은 것은 정당하다"고 했다.

 이에 대해 우리는 이 사건 근로자가 지대를 납입할 수 없었던 것은 이 사건 근로자가 지대대금을 독자로부터 영수했는데도 이를 이

사건 근로자가 횡령하여 이사건 사용자에게 납부하지 않아 피해를 준 것이 아니고, 단지 이사건 사용자가 이 사건 근로자에게 지급해야 할 광고수수료를 지급하지 않음으로써 이 사건 사용자의 책임으로 부득이 지대를 납입할 수 없었던 것이라고 주장했다.

또 초심 지방노동위원회는 "이 사건 대기발령 후 회사 전산망에 경영진에 대하여 '부도덕한 경영진의 행태'라고 비방하고, 면직처분이 있은 후인 2011년 5월 14일 이 사건 사용자의 경영진을 비방하는 내용이 포함된 '기자님 기자새끼'라는 책을 출간한 것은 이사건 사용자와 신뢰 관계를 훼손하였다고 판단 되는 바 이를 이 사건 사용자가 징계사유로 삼은 것은 정당하다"고 했으나 우리 측은 "이 사건 사용자의 징계위원회회의록이나 징계 관련 통보서를 보더라도 위 사유를 징계사유로 삼고 있지 않다"고 반박했다.

나는 당시 초심 노동위원회가 내린 이 결정과 판단을 보면 지금도 분노를 금치 못할뿐더러 치가 떨린다.

그 당시 초심 지방노동위원회는 철저히 사용자 편이었다. 징계 이후에 벌어진 일을 가지고 징계 사유로 삼는 어처구니없는 일을 자행하고 있는 노동원원회는 노동자를 위한 노동위원회인가 아니면 사용자의 입장을 대변하는 지방노동위원회인가.

회사의 인사관리규정 중 대기를 명할 수 있는 근거는 1. 직무수행 능력이 현저히 부족하거나 근무성적이 극히 불량한 자 2. 형사사건으로 기소된 자 3. 징계요구 중 인자에 대하여 필요하다고 인정될 때 4. 직제개편 또는 예산의 감소 등으로 보직을 받지 못한 자 등이다.

이에 대해 우리는 "형사사건으로 기소된 자"에 해당하지 않고, "징계요구 중인 자"에도 해당하지 않으며, "직제개편 또는 예산의 감소 등으로 보직을 받지 못한 자"에 해당되지 않을 뿐만 아니라, 이 사건 근로자가 "직무수행 능력이 현저히 부족하거나 근무성적이 극히 불량한 자"에 해당하지 않는다고 주장했다.

이 다툼에서 사용자 측은 광고수수료를 제때 지급하지 않은 이유로 광고대금을 제대로 회수하지 않았기 때문이라고 주장한다. 그러나 광고 미수금은 세금계산서 발행 주체인 사용자에게 있고, 미수채권도 사용자 측에 있기 때문에 미수채권에 대한 책임을 물을 수 없다고 주장했다.

또 이 사건 사용자가 문제 삼고 있는 지대미수금 문제는 이 사건 사용자 소속 주재 기자인 이사건 근로자와 이 사건 사용자의 고용종속 관계에서 발생한 문제가 아니라, 일방 계약당사자인 이사건 상용자와 계약자 지사장 사이의 신문보급에 관한 일체의 업무, 광고 취급에 관한 일체의 업무, 기타 간행물 취급에 관한 일체의 업무 관한 위탁계약 관계에서의 거래상의 문제라고 주장했으며, 이 문제로 사용자의 취업규칙, 인사관리규정, 단체협약을 근거로 인사조치할 수 없다는 점을 주장했다.

또 우리 측은 대기발령을 받은 후 2개월이 지난 시점에서 보직을 받지 못할 경우 자동면직되는 이 조치가 부당하다는 점도 중앙노동위원회에 주장했다.

그 이유로 부당한 선행 대기발령 조치로 인한 부당한 자동면직 조치, 당연 면직조치 자체로도 실체적 정당성이 없는 조치(지대미수금 미해결을 이유로 한 당연 면직조치의 부당성)를 위법하다고 보았다.

이밖에도 우리는 자동면직 절차의 부당성으로, 가. 징계위원회 미개최, 나. 자동면직 조치의 서면 통보의무 위반 등을 지적했다.

재심 중앙노동위원회를 상대로 우리가 처절한 싸움을 벌였음에도 중앙노동위원회의 판단은 우리에게 유리하게 내려지지 않았다.

급기야 행정소송을 통해 우리가 부당해고 판결을 이끌어내 승소했고, 복직을 할 수 있었으나 이미 노동자인 나는 경제적, 육체적, 정신적으로 만신창이가 된 상태였다.

어찌 보면 단순명료한 사안을 가지고 노동자에게 온갖 불이익을 준 노동위원회 결정이 한 노동자의 인생을 파탄시키는 꼴이 돼 버린 셈이다.

이처럼 한 맺힌 피해를 본 노동자가 한둘이겠는가.

부당 노동행위로 판결을 받은 이후에도 노동자는 불이익에 다시 한번 좌절한다.

복직명령을 받은 노동자가 받을 수 있는 돈은 '근무했을 때 받는 임금'이 전부이다.

그동안 재판 등으로 인한 손실 금액은 어찌할 것이며, 피폐해진 심신은 어찌할 것인가.

재판에서 이겨 복직하고도 망하는 것이 노동자의 현실이다.

다시 한번 물을 수밖에 없다.

고용노동부는 노동자 편인가. 사용자 편인가?

탈세 제보 결과와 국세청, 그리고 검찰 고발과 법정구속

2017년 9월 어느 날 국세청의 경인일보 고발로 인한 재판이 수원지방법원의 한 법정에서 열렸다.

재판장이 피의자석에 있는 경인일보 회계담당 국장에게 묻는다 "연락하실 분 전화번호가 어떻게 되십니까?".

나는 순간 뒤 머리카락이 쭈뼛 서는 느낌을 받았다. 재판장이 피의자에게 지인의 연락처를 묻는다는 것은 피의자를 법정 구속한다는 뜻이다. 아니나 다를까. 그는 그렇게 법정 구속됐다.

나는 그가 법정 구속된 뒤 수원구치소로 면회를 갔다. 면회를 거부했다. 그 자리에서 그에게 사과를 요구하는 편지를 썼다.

악연도 이런 악연이 있을까. 한때 회사 동료로서 업무를 협의하던 사이가 이렇게 앙숙이 되어 고소. 고발할 수밖에 없는 사이가 됐는가.

내가 2011년 3월 해고되고 초심 지방 노동위원회 재심 중앙 노동위원회와 행정소송 1심 2심을 거쳐 2013년 6월 승소해서 복직하고, 같은 해 10월 자신 퇴사를 하기까지 우여곡절이 많은 가운데도 늘 나를 괴롭히던 것은 이 사람이었다.

　나는 나를 괴롭히며 싸우던 사람이 사망한 상태라 말하기가 늘 조심스럽지만 내가 상대적 약자로써 불의와 싸워 승리한 것을 알림으로써 뭇 사람들에게 희망을 주기 위해 최소한이라도 죽은 사람을 거론할 수밖에 없다.

　회사를 그만두고 얼마 지나지 않아 사장이 회사로 들어오라고 전화를 했다. 그래서 나는 현재 당신 직원이 아니다. 그러니 만나고 싶으면 재판받느라 고생해서 한 맺힌 서초동으로 오라고 했다.

　찻집에서 오후 2시에 만나 오후 7시까지 많은 이야기를 했다. 사장이 먼저 보상 이야기를 했다. 돈이 전부는 아니겠지만 이야기해 보라는 것이었다. 나는 그래서 보상금으로 돈을 벌겠다는 생각은 추호도 없다고 말하고 당신들이 나를 상대로 손해 배상을 청구한 금액만큼만 달라고 했다. 왜냐면 그들이 요구한 금액이 어쩌면, 그들이 인정한 나의 몸값이기도 하기 때문이다. 그는 알았다고 했다. 회사에 들어가서 논의해서 주도록 해 보겠다고 했다.

　하지만 연락은 없었다. 사장하고도 가깝고, 나와도 나쁘지 않은 관계인 둘 사이의 메신저도 말이 없었다. 직접 듣지도 못하고 간접적으로 들은바, 그는 서초동에서 나와 만나고 돌아간 직후 회사에서 "내 명예를 훼손한 놈한테 단돈 10원도 못 준다"고 말했다는 것이다.

　그래서 나는 사장에게 내 뜻을 전달했다. "내가 당당하고 떳떳이 받을 돈도 두 번 세 번 이야기 하면 결국 내가 구걸하는 꼴이 된다"면서 "다시는 당신을 상대로 돈 이야기를 하지 않겠다"고 공언했다.

　나는 그에게 "당신이 4억 원을 가지고 나를 농락하고 있지만 앞으로 어쩌면 40억 원, 아니 400억 가지고도 감당치 못할 날이 올 것이다"고 말했다. 나는 그를 분명히 응징할 수 있다는 확신이 있었다.

2015년 3월 나는 경인일보가 10 수년간 탈세를 하는 것을 토대로, 또 2011년 분식회계(상법위반)로 고발해 회계담당이 구약식 기소로 벌금 500만 원의 처벌을 받은 경험을 바탕으로 전직 지방국세청장의 도움을 받아 경인일보에 대해 국세청에 탈세 제보를 했다.

그러나 경인일보에 대한 세무조사는 국세청-중부지방국세청-수원세무서에 이첩이 되자마자 경인일보로 직원들로부터 먼저 소문이 나돌았다. 2015년 4월 16일 수원세무서로부터 탈세 제보 처리에 대한 안내말씀 공문이 집으로 전달 된 데 이어 2달이 지난 6월 사실상 세무조사 종결을 알리는 탈세제보 처리결과 통보를 받게 된다. 이 당시 이미 경인일보 내부에서는 "이석삼이 국세청에 경인일보에 대해 탈세제보 했는데 사장이 무마했다"는 소문이 나돌았다.

이에, 나는 2015년 8월20일 국세청에 항의 전화를 해 재접수. 재조사를 강력히 요구했으며, 국세청 세원관리과 세원정보팀 직원이 상세한 내용을 이메일로 보내라는 말에 따라 이메일을 보냈으며, 2015년 8월 28일 중부지방국세청 재접수 된다.

결국, 경인일보에 대한 세무조사가 물 건너가게 된 것을 되살리게 됐으며, 국세청 스스로 나의 탈세 제보가 일리가 있다는 판단을 하게 된 것으로 보인다.

항의 내용의 골자는 "현 사장은 사장으로 재임한 10여 년간 온갖 불법, 불의를 일삼아 왔다"면서 "그중에서도 매년 연말만 되면 사장이 다음해 주총에서 주주들로부터 신임을 얻기 위해 본. 지사 간 허위매출발생, 허위광고 계약, 허위매입계산서 수취 등의 방법으로 탈세를 일삼고 있다. 이를 골자로 경인일보에 대해 탈세제보를 했는데, 담당세무서가 사실상 이미 세무조사를 종결하고 말았다"고 주장했다.

또 나는 "강력하고 엄중한 세무조사를 벌일 것"을 강조하고, "만약 납득할 만한 세무조사가 이루어지지 않는다면 국세청장 중부지방국세청장 수원세무서장 등을 상대로 검찰에 법적인 판단을 구해 볼 것입니다"며 경고했다.

특히 이 사항은 일부 세무서 직원이 범칙조사에 해당하는 심각한 범죄행위라는 말까지 들을 정도였다.

내가 이렇게 강력하게 항의하자 국세청 내부에서 탈세 제보 접수를 두 군데서나 하는 촌극을 빚고 세무조사를 하게 된다.

이런 우여곡절을 겪은 끝에 2016년 3월 중부지방국세청 조사1국 1과 7팀에서 경일일보로 출퇴근을 하며 장기간의 세무조사를 거쳐 2016년 9월 탈세제보 처리결과를 나에게 통보하게 된다.

중부지방국세청은 세무조사 결과를 토대로 수원지방검찰청에 경인일보 법인과 대표이사, 회계담당 국장과 사업부서직원을 조세범처벌법 위반 혐의로 고발하게 된다.

경인일보 세무조사 착수 당시 경인일보의 한 직원은 한 언론매체의 취재진에게 "현재 세무조사가 진행 중인 것은 맞다"며 "정기 세무조사일 뿐 이례적인 것은 아니다"고 설명했다. 특히, 세무조사에 대한 세간의 여론이 술렁이자 대표이사가 직접 직원들에게 자신이 직접 세무조사를 요청했다는 말로 직원들의 동요를 차단했다.

결국, 중부지방국세청은 300억 원대의 허위세금계산서를 발행한 사실을 적발하고, 수원지방검찰청에 대표이사, 회계국장, 사업부 직원, 그리고 법인 등을 고발하게 되며, 검찰이 수사를 벌인다.

검찰의 수사과정에서 나는 국세청에 탈세제보를 한 당사자로, 또 경인일보의 추가 범죄사실에 대한 제보자로 참고인자격으로 검찰의 조사에 협조해 강력한 처벌을 주문했다.

검찰은 2017년 2월 3일 경인일보 경영진을 290억 원대 허위세금계산서를 발행한 혐의(조세포탈)로 불구속 기소로 재판에 넘겨졌다.

재판에 넘겨지자 1심 재판부는 회계 담당에게 징역 1년 6월에 집행유예 3년, 사업부 직원에게는 징역 1년에 집행유예 3년과 200시간의 봉사명령 등을 선고하고 경인일보 법인에 대해서는 벌금 3억 원에 처했다.

그러나 2심 재판부는 회계 담당국장을 징역 1년의 실형을 선고하고 법정구속했다. 재판부는 양형 이유로 "허위과장 세금 계산서 발행은 건전한 상업 활동을 위협하는 중대 범죄로 엄한 처벌이 필요하다"면서 "특히 이를 계속 반복해 허위세금계산서 발행이 200억 원이 넘고, 이를 통해 적지 않은 이익을 얻었다"고 밝혔다. 특히 회계 담당국장에 대해서는 같은 혐의로 이미 500만 원의 벌금형을 받은 전력을 언급했다.

나는 국세청과 또 다른 실랑이를 벌여야 했다.

다름 아닌 탈세제보 포상금이다. 포상금을 액수에 상관없이 반드시 받아야 한다고 생각한 것은 탈세제보가 활성화되고, 국세청의 조세범에 대한 처벌이 강화되길 바라는 마음에서였다.

그러나 국세청은 나에게 포상금 지급이 불가하다는 입장을 전달해왔다.

그 이유는 국세청이 경인일보 세무조사를 벌여 범죄사실을 밝히는 데 내 제보가 결정적인 역할을 한 것이 아니라는 주장을 폈다. 특히 세무조사에 필요한 세부사항이 제보내용에서 부족했고, 따라서 이 모든 조세포탈 사실을 국세청의 조사에서 밝혀냈다는 것이다. 국세청의 논리대로라면 한 회사의 회계장부를 통째로 빼내 탈세 제보를 하지 않고서야 포상금을 받을 수 있는 탈세 제보자가 얼마나 될까.

결국, 국세청의 이런 결정에 불복해 조세심판원까지 이 문제를 끌고 갔으나 모두 거부당했다.

국세청의 이런 조세범에 대한 느슨한 대처와 솜방망이 처벌로 허위세금계산서를 유통시키며 차명계좌로 불법 수수료를 취득하는 소위 자료 알선 브로커 단속은 어떻게 할 것이며, 매출액을 높여 은행대출을 쉽고 많이 받기 위해 허위세금계산서를 남발하는 조세범은 어찌할 것인가.

나는 국세청에 탈세제보 한 이후 국세청 직원들조차 나를 백안시하는 모습을 보았다. 말하자면, 도둑질한 범죄자를 욕하기보다 "도둑이야!"하고 소리친 사람을 더 비난하는 격이다.

모든 공직자는 국가와 국민이 그 권한을 위임한 것이다.

나는 국세청의 조사 능력을 안다.

1993년 경기도 수원에 개청한 경인지방국세청을 출입한 적이 있고, 그 후 국세청 고위인사들을 통해 국세청의 전산시스템이 세계적 수준이라는 사실을 알게 됐고, 지금도 국세청이 마음만 먹으면 재벌개혁의 선봉에 설 수 있다는 사실을 안다.

국세청이 내가 제보한 것을 그만큼이라도 밝혀낸 게 다행이라 생각해야 하는가 아니면 국세청이 지방 유력언론사를 솜방망이 조사했다고 봐야 하는가.

그래도 언론인이 제보한 것이 아니라면 그 정도의 조사와 고발을 했을까 하는 생각이 든다.

문재인 정부에 묻는다.

왜 유가 부수 조작으로 수천억 원대의 부당이득을 취한 수구 적폐 거대 언론에 대한 세무조사를 벌이지 않는가.

공정거래위원회 신고와 그 결과

　우연히 경인지역 한 언론사 퇴직 기자들이, 언론사가 주재기자들에게 지대를 일방적으로 부담시키는 것이 불공정 거래행위라고 의결한 결과에 대한 정보를 듣고, 그 내용이 내가 지대를 갚지 않았다는 이유로 해고당한 후, 재판에서 부당해고 판결을 받은 것과 너무 같아서 공정거래위원회에 신고하게 된다. 지대에 대한 불합리한 일방적인 계약, 이것 자체가 수십 년간 이어져 온 지방언론의 불합리한 계약이다. 아니 불법적이고 탈법적인, 위계에 의한 강압적인 계약임이 드러난 것이다.

　그래서 공정거래위원회에 경인일보의 이러한 불법행위를 신고했다. 내가 공정거래위원회에 신고한 것은 자기들보다 힘이 약하다고 생각하는 한 인간을 아무렇지도 않게 무참히 짓밟고, 또 그런 상대적 약자와의 모든 싸움에서 패하고도 보상은커녕 사과 한마디 안 하는 집단이기 때문에, 이를 응징하기 위해서다. 특히 '적폐'의 상징인 이길여가 회장인 경인일보의 이런 불법, 불의한 오랜 관행을 본

보기로 응징함으로써 "지방언론이 개혁되지 않으면 나라가 망한다"는 나의 소신대로 언론개혁에 몸을 던지겠다는 신념을 실행하기 위함이다.

또 기자 본연의 활동과 무관하게 광고 수주와 신문판매에 부당하게 내몰리고 있는 전국의 기자들에게 나의 이러한 투쟁과 승리가 하나의 '전거(典據)'가 되기 바라는 마음이 간절하다.

범법자들의 범죄사실은 시간이 늦더라도 반드시 만천하에 드러나기 마련인가.

아이러니하게도 경인일보사의 이러한 위법행위는 내가 부당해고 재판 과정에서 경인일보사가 낸 준비서면에 원고의 지대미수금, 광고미수금을 거론하며 해고의 정당성을 역설 한 부분에 스스로 위법을 인정하는 꼴이 됐으며, 이번 의결서에 고스란히 적용되는 결과를 낳았다.

2019년 7월 5일 공정거래위원회에 신고서를 발송한 이후 20개월 20개월여 조사 끝에 의결서가 나올 시점에 조선일보가 ABC 협회와 공모해 유료부수를 조작함으로써 각종 보조금과 정부 광고 수주 등을 국민의 혈세를 부당하게 빼먹은 사건이 터져 시민단체 및 국회의원들에 의해 고발당하는 사건이 발생했다. 나의 경우와 너무나 유사한 사건이다.

내가 해고를 당해 법원에서 부당해고 판결을 받은 주된 내용도 회사가 위계에 의해 불공정하게 계약한 유료부수 조작에 의한 지대미수금이기 때문이다.

내가 공정거래위원회에 신고한 근거는 공정위의 의결 제2019-095호 12쪽 27번에 적시한 "자사의 임직원에게 강제력을 행사하여 자기와 거래하도록 한 피심인의 행위는 피심인의 고용관계상의 지위를 이용하여.." 등이다. 나는 신고서에서 지대미수금뿐 아니라 광고미수금을 주재기자에게 빚으로 돌리는 경우도 마찬가지라고 주장했다. 광고채권 역시 회수 책임이 광고주에게 직접 세금계산서를 발행하는 곳이 본사이기 때문이다.

조선일보의 유료부수 조작사건과 마찬가지로 중앙 신문, 지방 신문 할 것 없이 대부분 신문이 ABC와 짜든 안 짜든 ABC 제도를 무력화하는 데도 오랜 기간 정부의 관리 감독은 그 기능을 상실했다고 볼 수 있다.

때문에 발행부수 1만 부도 안 되면서 광고주들에게는 수만 부 내지는 그 이상으로 속여 광고료를 많이 받아내는 수법을 악용해 온 것이다. 일종의 독자를 상대로 한 사기이고, 국가 기관을 상대로 한 사기이며 국민을 상대로 한 사기인 셈이다.

이 사건은 2019년 7월 5일 공정거래위원회에 신고서를 발송하고, 2019년 8월 16일 보안서류발송을 통해 2019년 8월 22일 공정거래위원회 시장감시국에 신고 접수됐다.

공정거래위원회에서 ㈜경인일보의 신문업에 있어서의 불공정거래행위에 대한 건(2019서 감 2065)의 사건명으로 정식 조사를 받게 됐으며, 장기간 조사 끝에 피심인(경인일보)의 위와 같은 행위가 위법하다는 결론을 낸 것이다.

* 다음은 공정거래위원회 의결서 전문이다.

공 정 거 래 위 원 회

제 1 소 회 의

의 결(약) 제 2021 - 008 호   2021. 2. 17.

사 건 번 호   2019서감2065

사 건 명   ㈜경인일보의 신문업에 있어서의 불공정거래행위에 대한 건

피 심 인   주식회사 경인일보
              경기 수원시 팔달구 효원로 299
              대표이사 배○○

심 의 종 결 일 2021. 1. 14.

주   문

1. 피심인은 자기의 임직원에 대해 신문 구독자 유치 목표를 할당하고 해당 실적을 달성하지 못한 경우 인사고과에 반영하는 등의 불이익을 주는 행위를 다시 하여서는 아니 된다.

2. 피심인은 자신의 주재기자를 대상으로 매월 구입할 신문부수와 이에 대한 지대를 납부하게 하는 방법으로 자기가 발행하는 신문 등 자신의 상품을 구입 또는 판매하도록 강제하는 행위를 다시 하여서는 아니 된다.

이 유

1. 기초사실

가. 피심인 지위 및 일반현황

1 피심인은 일반일간신문발행 및 판매, 외부간행물의 인쇄업, 부동산개발 및 임대사업 등을 영위하는 자로서 독점규제 및 공정거래에 관한 법률(이하 '법'이라 한다) 제2조 제1호에 규정된 사업자에 해당하며, 피심인의 일반현황은 <표 1>과 같다.

<표 1> 피심인 일반현황

(단위: 백만 원)

년도	자산총액	자본금	매출액	당기순이익
2015	34,607	14,968	40,352	203
2016	30,808	14,968	31,759	-1,996
2017	29,400	18,968	27,658	-3,891
2018	27,631	18,968	24,131	-2,020
2019	27,266	18,968	22,110	210

* 출처 : 피심인 제출자료(소갑 제2호증)

나. 시장구조 및 실태

1) 신문의 정의

2 신문 등의 진흥에 관한 법률(이하 '신문법'이라 한다.)」에 따르면 신문이란 정치·경제·사회·문화·산업·과학·종교·교육·체육 등 전체분야 또는 특정분야에 관한 보도·논평·여론 및 정보 등을 전파하기 위하여 같은 명칭으로 월 2회

이상 발행하는 간행물을 말한다. 또한, 신문법은 신문을 보도 범위와 발행주기에 따라 일반일간신문, 특수일간신문, 일반주간신문, 특수주간신문으로 구분하고 있다.

3   아울러, 전자적인 형태로 제공되는 인터넷신문은 컴퓨터 등 정보처리 능력을 가진 장치와 통신망을 이용하여 정치·경제·사회·문화 등에 관한 보도· 논평 및 여론·정보 등을 전파하기 위하여 간행하는 전자간행물로서 독자적 기사 생산과 지속적인 발행 등 대통령령으로 정하는 기준을 충족하는 경우에 신문 으로 분류하고 있다.

2) 신문업 현황

4   2018년 기준 신문업 전체 매출액은 약 3조 8,077억 원이다. 이중 종이신문 사업자들의 매출액은 약 3조 3,120억 원이며, 신문업 전체 매출액의 87.0%를 차지한다. 2018년 기준 피심인이 속하는 지역종합일간 분야의 매출액은 약 5,468억 원으로 신문업 전체매출액의 약 14.4%의 비중을 차지한다.

<표 3> 2016년 ~ 2018년 신문유형별 매출액 변동 추이

(단위: 백만 원)

신문유형	2016년	2017년	2018년
전국종합일간I	1,409,098	1,370,586	1,391,795
전국종합일간II	33,082	33,450	31,514
지역종합일간	487,985	595,066	546,764
경제일간	703,890	768,321	824,115
스포츠일간	62,354	61,595	59,185
기타전문일간	87,141	89,705	88,305
무료일간	5,930	5,925	4,646
주간	399,645	331,743	348,968
종이신문 소계	3,198,974	3,272,569	3,311,950
인터넷신문 소계	452,414	496,890	495,713
신문산업 전체	3,651,388	3,769,459	3,807,663

* 출처 : 한국언론진흥재단 「2019 신문산업 실태조사」

5   2018년 기준 기업공시 된 신문사의 매출액은 약 2조 6,826억 원으로 전체 신문시장 매출의 70.5%를 차지하고 있다. 피심인은 지역종합일간 신문사로서 기업공시 대상 신문사에 해당한다.

<표 4>   2018년 기준 기업공시 신문사 현황

대분류	구분	개수	대상 신문사(36)
종이신문 (31개사)	전국종합일간	11	경향신문, 국민일보, 내일신문, 동아일보, 문화일보, 서울신문, 세계일보, 조선일보, 중앙일보, 한겨레, 한국일보
	지역종합일간	8	강원일보, 경인일보, 광주일보, 국제신문, 대전일보, 매일신문, 부산일보, 영남일보
	경제일간	8	매일경제, 머니투데이, 서울경제, 아시아경제, 이데일리, 파이낸셜뉴스, 한국경제, 헤럴드미디어
	스포츠일간	2	스포츠서울, 스포츠조선
	기타전문일간	2	디지털타임스, 전자신문
인터넷신문(언론사닷컴) (5개사)		5	동아닷컴, 디지틀조선일보, 제이티비씨콘텐트허브, 매경닷컴, 한경닷컴

* 출처 : 한국언론진흥재단 「2019 신문산업 실태조사」

6   한편, 2018년 유료부수 기준 시장현황은 <표 5>와 같고, 피심인의 유료부수는 30,585부로 172개 신문 사업자 중 33위이다.

<표 5>   주요 일간신문 발행부수

(순위기준 : 유료부수, 연도: 2018년)

순위	신문명	발행부수	유료부수	순위	신문명	발행부수	유료부수
1	조선일보	1,308,395	1,193,971	7	한겨레	214,832	200,343
2	동아일보	965,286	737,342	8	문화일보	190,670	175,693
3	중앙일보	978,279	712,695	9	한국일보	221,859	172,696
4	매일경제	707,749	553,921	…	…	…	…
5	농민신문	393,956	385,530	33	경인일보	46,389	30,585
6	한국경제	531,255	362,616	… 계	… 172개사	… 9,386,408	… 7,095,868

* 출처 : 한국ABC협회 「2019년도(2018년분) 일간신문 172개사 인증부수」 가공

7   신문업 매출은 신문판매, 광고판매, 부가사업, 인터넷콘텐츠판매 등으로 이루어지며, 광고판매 분야에서 가장 많은 수입이 발생한다. 신문업의 사업별 매출 구성 현황은 <표 6>과 같다.

<표 6>   2018년 신문업 매출액 구성

(단위 : 백만 원, %)

구 분	광고	부가사업 및 기타사업	종이신문 판매	인터넷상의 콘텐츠 판매	합계
종이신문	1,990,739 (60.1)	658,072 (19.9)	390,753 (11.8)	272,386 (8.2)	3,311,950 (100.0)
인터넷신문	305,101 (61.5)	148,770 (30.0)	0 (0.0)	41,841 (8.4)	495,713 (100.0)
합계	2,295,840 (60.3)	806,843 (21.2)	390,753 (10.3)	314,227 (8.3)	3,807,663 (100.0)

* 출처 : 한국언론진흥재단, 「2019 신문산업 실태조사」

다. 지역종합일간지신문 시장 현황

8   한국 ABC협회가 인증한 2019년 일간신문 172개사 중 전국일간신문 사업자 수는 112개이며[1], 대부분의 지역종합일간지가 적자를 기록하고 있다.

2. 사실의 인정 및 위법성 판단

가. 기초사실

1) 이 사건 위반행위 관련 피심인의 조직운영 현황

가) 피심인의 조직구성

---

[1] 한국ABC협회, 'ABC협회, 2019년 일간신문 발행·유료부수 발표' 보도자료 참조

9   피심인의 조직은 크게 수원본사와 인천본사로 구분되며, 주된 영업 소재지인 수원본사는 경영관리국, 편집국, 마케팅본부, 디지털미디어본부, 경인M&B으로 나뉜다. 마케팅본부 이외 편집국·경영관리국·디지털미디어본부 등은 신문 및 광고상품 판매 등 영업 업무가 아닌 별도의 고유 업무영역이 있다.

나) 주재기자의 지위

10   피심인 소속 기자들은 근무부서 및 지역에 따라 주재기자와 본사기자로 구분되는데, 피심인의 주재기자는 편집국에 소속되는 정규직 근로자이다.

나. 행위사실

1) 전 임직원에 대한 신문판매 강요행위

가) 정기적인 신문확장 목표 설정 및 할당

11   피심인은 2014년부터 자사 임직원에게 직급별로 업무국·편집국 소속 내근직 사원은 연간 6부, 차장 12부, 부장 이상 24부, 편집국 외근직 임직원은 각 24부 등 개인별 신문확장 목표를 매년 설정·할당한 사실이 있다. 이러한 사실은 피심인 독자서비스부 과장 진술(소갑 제3호증2)), 2016년 주요업무추진계획(소갑 제4호증), 2017년 기본운영계획(소갑 제5호증), 2018년 기본운영계획(소갑 제6호증), 신문확장실적(소갑 제7호증), 주재기자 신문판매 부수 목표 및 실적(소갑 제8호증), 권역별 신문확장 현황(소갑 제9호증, 제10호증) 등을 통하여서도 인정된다.

12   피심인은 사원판매의 실적을 주기적으로 보고를 받고 관리하였으며, 피심인 소속 임직원들의 신문 판매 실적을 인사고과에 반영하는 등 임직원들

---

2) 이하 '심사보고서 소갑 제○호증'은 '소갑 제○호증'으로 기재한다.

에게 불이익을 제공하였다. 피심인이 사원판매의 실적을 주기적으로 보고·관리한 사실은 피심인 소속 독자서비스부 과장 진술(소갑 제3호증), 피심인 소속 독자서비스부 부장 확인서(소갑 제56호증), 독자서비스부 업무보고(소갑 제15호증 내지 제24호증), 부서 및 개인별 확장 현황(소갑 제25호증), 인천 본사 상반기 실적보고(소갑 제26호증), 2016년 신문확장 실적(소갑 제51호증) 등을 통해 확인할 수 있다. 또한 임직원들의 사원판매 실적을 인사고과에 반영하는 등 불이익을 주었다는 사실은 피심인 인사총무부장 확인서(소갑 제32호증), 2016년 주요업무 추진계획(소갑 제4호증), 승진심사대상자 자료(소갑 제34호증)등을 통해 인정된다.

나) 신문확장 캠페인 실시

13 피심인은 매년 1~2회 소속 임직원들에게 경인일보 신문 구독자를 유치하도록 '신문확장 캠페인'을 추진한 사실이 있다. 피심인은 내근 직원의 경우 1달 1부, 외근 및 주재기자의 경우 1달 2부를 최소 목표로 할당하였다. 이러한 사실은 피심인 독자서비스부 과장 진술(소갑 제3호증), 2019년 신문확장 캠페인 안내(소갑 제12호증), 창간 72주년 위상 재정립과 자존심 확립을 위한 신문확장 캠페인 안내(소갑 제13호증) 등을 통해 인정된다.

14 피심인은 신문확장 캠페인을 통해 달성한 결과를 게시판에 공지하고, 신문확장 캠페인의 결과도 인사고과에 반영하였다. 이러한 사실은 신문확장 캠페인 현황(소갑 제30호증), 신문확장 캠페인 기획(안)(소갑 제35호증), 창간 72주년 위상 재정립과 자존심 확립을 위한 신문확장 캠페인 안내(소갑 제13호증) 등에 따라 인정된다.

2) 주재기자에 대한 신문·광고 판매 강제행위

가) 지대 설정·관리를 통한 사원판매 행위

15   피심인은 '지사장 제도'를 2017년 2월까지 운영하면서 주재기자들로 하여금 신문판매 목표부수를 설정·할당하고 광고를 수주하도록 하였으며, 주재기자들에게 유가부수 만큼의 지대를 납입하도록 하였다. 지대납입 금액이 부족한 경우, 피심인은 주재기자에게 지급해야 하는 광고 인센티브에서 지대를 상계하였다. 이러한 사실은 주재기자 지대관리(발행)내역(소갑 제50호증), 전(前) 피심인 소속 직원 진술(소갑 제36호증), 피심인 마케팅본부장 확인서(소갑 제43호증), 부당대기발령 등 소송에서 피심인 측 준비서면자료(소갑 제42호증), 2016년 12월 지사 매출액 계산서(소갑 제45호증), 피심인 소속 직원 확인서(소갑 제55호증), 2016년 광고매출진행현황(소갑 제46호증) 등을 통해 확인된다.

나) 주재기자에 대한 연대보증계약 체결 등 불이익 제공

16   피심인은 주재기자들에게 각 피심인 영업지역의 지사장을 선임하도록 하고, 피심인과 지사장이 체결하는 지사계약에 주재기자로 하여금 연대보증을 하도록 하였다. 이러한 사실은 지사계약서(소갑 제44호증), 부당대기발령 등 소송 중 피심인 준비서면(소갑 제42호증), 전(前) 피심인 소속 직원 진술(소갑 제36호증)을 통해 인정된다.

17   또한 주재기자가 지대를 덜 냈을 경우, 피심인은 주재기자가 피심인과 체결한 연대보증계약에 의해 주재기자에게서 지대 미수금을 징수하고, 만약 주재기자가 지대납입 의무를 다하지 못하는 경우에는 인사상의 불이익을 제공하였다. 이러한 사실은 피심인 마케팅본부장 확인서(소갑 제43호증), 피심인 소속 징계위원회 자료(소갑 제49호증), 전(前) 피심인 소속 직원 진술(소갑 제36호증) 등을 통해 확인된다.

나. 관련 법 규정 및 법리

1) 관련 법 규정

독점규제 및 공정거래에 관한 법률[3]
제23조(불공정거래행위의 금지) ① 사업자는 다음 각호의 1에 해당하는 행위로서 공정한 거래를 저해할 우려가 있는 행위를 하거나, 계열회사 또는 다른 사업자로 하여금 이를 행하도록 하여서는 아니된다.
   1. ~ 2. (생략)
   3. 부당하게 경쟁자의 고객을 자기와 거래하도록 유인하거나 강제하는 행위
   4. ~ 8. (생략)
② (생략)
③ 불공정거래행위의 유형 또는 기준은 대통령령으로 정한다.

독점규제 및 공정거래에 관한 법률 시행령[4]
제36조(불공정거래행위의 지정) ① 법 제23조(불공정거래행위의 금지) 제3항의 규정에 의한 불공정거래행위의 유형 또는 기준은 별표 1의2와 같다.

【별표 1의2】 불공정거래행위의 유형 및 기준 제5호 나목
   1. ~ 4. (생략)
   5. 거래강제
      법 제23조(불공정거래행위의 금지) 제1항 제3호 후단에서 "부당하게 경쟁자의 고객을 자기와 거래하도록 강제하는 행위"라 함은 다음 각목의 1에 해당하는 행위를 말한다.
      가. (생략)
      나. 사원판매
         부당하게 자기 또는 계열회사의 임직원으로 하여금 자기 또는 계열회사의

---

[3] 피심인 행위사실 2.나.1). 행위는 2020. 2. 11. 개정 법률 제16998호, 2.나.2) 행위는 2016. 3. 29. 개정 법률 제14137호를 적용한다.
[4] 피심인 행위 중 2.나.1). 행위는 2020. 9. 29. 개정 대통령령 제31053호, 2.나.2) 행위는 2016. 12. 30. 개정 대통령령 제27751호를 적용한다.

상품이나 용역을 구입 또는 판매하도록 강제하는 행위

다. (생략)

2) 법리

18 법 제23조 제1항 제3호 후단, 법 시행령 제36조 제1항 [별표 1의2] 불공정거래행위의 유형 및 기준 제5호 나목 규정은 거래강제의 상대방은 원칙적으로 직접 거래의 상대방을 의미하는 것으로서 "타 경쟁자의 고객이 될 수도 있었던 상대방에게 강제력을 행사하여 자기와 거래하도록 하는 행위"를 금지하는 것이다.

19 따라서 사원판매 행위가 불공정거래행위에 해당하기 위해서는 사업자가 그 임직원에 대하여 직접 자기 회사 상품을 구입하도록 강제하거나 적어도 이와 동일시할 수 있을 정도의 강제성을 가지고 자기 회사 상품의 판매량을 할당하고 이를 판매하지 못한 경우에는 인사고과에 불이익을 주거나 임직원에게 그 상품의 구입부담을 지우는 등의 행위가 있어야만 한다.[5]

20 또한 행위의 태양과 범위, 대상 상품의 특성, 행위자의 시장에서의 지위, 경쟁사의 수와 규모 등을 종합적으로 고려하여 당해 행위가 거래상대방인 임직원의 선택의 자유를 제한함으로써 가격과 품질을 중심으로 한 공정한 거래질서를 침해할 우려가 있어야 한다.[6]

다. 피심인 행위의 위법성 충족 여부

1) 전 임직원에 대한 사원판매 행위

---

[5] 대법원 1998. 3. 27. 선고 96누18489 판결, 대법원 1998. 5. 12. 선고 97누14125 판결 등 참조
[6] 대법원 2001. 2. 9. 선고 2000두6206 판결 참조

21   위 2.나.1)의 인정사실을 관련 법 규정 및 법리에 비추어 보면 피심인은 자사 임직원에 대하여 자사 상품인 신문 구독 목표를 설정한 후 목표 달성 정도를 부서별 및 개인별로 관리하고, 모든 부서장들 및 본부장들이 참여하는 회의시간에 그 실적을 보고받을 뿐만 아니라 신문 판매의 실적을 인사고과에 반영함으로써 자기 임직원이 신문 구독 목표 달성을 하도록 강제하였음이 인정된다.

22   이러한 피심인의 행위는 고용관계상의 우월적 지위를 이용하여 임직원들에게 소비자로서 신문을 구매할 것인지 여부 및 어떤 신문을 구매할 것인지에 대한 선택의 자유를 침해하는 불공정한 경쟁수단에 해당하고, 상품의 가격과 품질을 중심으로 하는 공정한 거래를 저해하거나 저해할 우려가 있는 부당한 행위로 판단된다.

2) 주재기자에 대한 사원판매 행위

23   위 2.나.2)의 인정사실을 관련 법 규정 및 법리에 비추어 보면 피심인은 자사 소속 직원인 주재기자들이 매월 판매해야 할 신문부수·광고 수주 금액을 설정 및 할당하고, 주재기자들에게 유가부수 만큼의 지대를 납입하게 하는 등 자기의 임직원인 주재기자들로 하여금 구매의사와 상관없이 자신의 상품을 구매하도록 강제하였음이 인정된다.

24   자사 임직원에게 강제력을 행사하여 자기와 거래하도록 한 피심인의 행위는 피심인의 고용관계상의 지위를 이용하여 거래상대방의 자유로운 상품선택권을 제한하고, 가격과 품질을 중심으로 한 자유시장 경제체제의 공정한 거래질서를 저해할 우려가 있는 행위에 해당한다.

3. 처분

25 피심인의 위 2.나.의 행위와 동일하거나 유사한 법위반행위가 재발하지 않도록 하기 위하여 법 제24조에 따라 시정명령을 부과하기로 한다[7].

4. 피심인의 수락 여부

26 피심인은 2020. 11. 26. 위 2.나.의 행위사실을 인정하고 주문내용의 시정조치 의견을 수락하였으므로 피심인의 출석 없이 이 사건 심의를 진행하였다.

5. 결론

27 피심인의 위 2. 가.의 행위는 법 제23조 제1항 제3호에 위반되므로, 법 제24조를 적용하여 주문과 같이 의결한다.

---

[7] 2018년 기준 피심인의 유료부수 매출 순위(33위) 및 시장점유율(0.431%)을 고려할 때 피심인의 관련 시장에 대한 영향력이 미미한 점, 이 사건 위반행위 기간 중 피심인의 유료부수는 오히려 감소(2014년 40,025부 → 2018년 30,585부)한 점 등을 고려할 때 피심인이 상당한 부당이득을 얻었다거나 악의적으로 이 사건 위반행위를 하였다고 보기는 어려운 점, 과징금이 미부과된 기존 심결례에 비해 이 사건 위법성의 정도가 중하다고 보기도 어려운 점 등을 종합적으로 고려하여 과징금은 부과하지 아니한다.

공정거래위원회는 위와 같이 의결하였다.

2021년 2월 17일

의   장   주심위원   신 영 호

위   원   김 형 배

위   원   윤 수 현

공정거래위원회가 경인일보사에 과징금을 이런저런 이유로 부과하지 않은 것은 아쉽다. 그리고 공정거래위원회가 이러한 명백한 범법 행위에 대해 검찰 등에 고발하지 않은 것도 아쉽긴 하지만, 오히려 내가 경인일보를 횡령 등의 혐의로 고소해 응징할 기회가 온 것 같아 다행이라는 생각이 든다.

8 ○그러나 나의 종 너 이스라엘아 내가 택한 야곱아 나의 벗 아브라함의 자손아

9 내가 땅 끝에서부터 너를 붙들며 땅 모퉁이에서부터 너를 부르고 네게 이르기를 너는 나의 종이라 내가 너를 택하고 싫어하여 버리지 아니하였다 하였노라

10 두려워하지 말라 내가 너와 함께 함이라 놀라지 말라 나는 네 하나님이 됨이라 내가 너를 굳세게 하리라 참으로 너를 도와 주리라 참으로 나의 의로운 오른손으로 너를 붙들리라

11 보라 네게 노하던 자들이 수치와 욕을 당할 것이요 너와 다투는 자들이 아무것도 아닌 것 같이 될 것이며 멸망할 것이라

12 네가 찾아도 너와 싸우던 자들을 만나지 못할 것이요 너를 치는 자들은 아무것도 아닌 것 같고 허무한 것 같

5부 이 나라의 역사를 막다

부패한 한국교회

한국교회 그때 그 자리에 어느편이었나
'거기 너 있었는가. 그때에…'
또 하나의 권력, 부패한 한국교회 병든 영혼, 한국의 교인

한국교회, 역사와 민족 앞에 사죄가 먼저다.
하나님이 하셨습니다.

한국교회, 역사와 민족 앞에 사죄가 먼저다
(예수 없는 교회, 교회 없는 예수)

내 인생의 최고 좌표는 예수다. 내가 예수를 구주로 영접한 이후 단 한 번도 예수를 부인한 적이 없고, 나는 이에 대해 지금도 최고의 자부심으로 간직하고 있다.

그러나 한국의 교회가 예수님의 가르침을 거역하고 지난 역사에서 일제에 부역하고, 독재에 아부한 것은 명백한 사실이며, 이와 함께 물질만능주의에 물들어 스스로 부패함으로써 민주주의발전에 역행한 것은 물론 정의롭지도 않아 국민으로부터 혐오의 대상으로 전락한 것 또한 사실이다.

따라서 내가 기독교계를 대표하는 것은 아니지만, 성경을 내 인생의 가르침으로 여기고 살고, 또 그 말씀을 목숨을 걸고 지키고 그 말씀에 근거해 민중의 편에서 평생을 살고자 하는 사람으로 지난 역사와 현재에 이르기까지 한국의 기독교인들이 저질렀고 또 저지르고 있는 죄악에 대해 깊이 머리 숙여 사죄하고 싶다.

언젠가는 내 뒤에 오는 사람들이 "당신은 예수를 믿는다고 하면서 그동안 한국교회가 저지른 죄악에 대해 뭘 했느냐?"고 묻는다면, 나 역시 두렵고 떨리는 건 마찬가지일 거고 죄스러운 마음 당연할 것이기 때문이다.

기독교의 궁극적인 목적은 하나님의 도를 전하는 것이다. 정확히 말해 "하나님은 당신은 사랑한다"고 전하고 하나님의 사랑을 회복하도록 하는 것이다. 성경에서 전도의 대표적인 게 베드로와 바울의 전도이다.

사도들은 예수가 죽은 뒤 여러 곳으로 흩어져 기독교를 전도했다. 베드로는 만년에 당시 세계의 중심지인 로마로 옮겨 로마인을 기독교인으로 만드는 데 신명을 바치다 네로 황제 때 순교한다. 박해받는 기독교인들이 신앙을 중심으로 취해야 할 생활 태도를 가르친 〈베드로전서〉와 예수의 재림, 말세의 올바른 신앙 등을 가르친 〈베드로 후서〉는 베드로가 초기 기독교에 끼친 영향을 잘 보여준다.

바울도 로마에서 전도하다 순교했는데, '이방인의 사도'로 불리는 바울 또한 로마를 기독교 세계로 바꾸는 데 공헌했다.

전도에는 하나님의 정의, 하나님의 공의가 뒤따른다. 하나님을 믿는 사람은 하나님이 정의로우니 정의를 추구해야 한다는 것이다.

2006년 1월 한국 개신교 교단으로는 최초로 기독교대한복음교회가 친일행적을 회개했다.

이 교회는 교단 창립 70주년을 맞아 교단을 창립한 초대 목사님의 친일행적을 밝히고, 하나님과 민족과 역사 앞에 용서를 구했다.

복음교회는 '고백문'에서 "일제 강점기에 한국교회 안에서 이루어진 친일 부역은 단순히 식민지 백성의 비굴한 조아림을 넘어 일왕과 신사를 숭배하고, 대동아 공영의 기치를 두둔하며 침략전쟁 수행에 적극적으로 동참하였습니다. 이것은 심각한 배교 행위가 아닐 수 없습니다". 하고 한국교회 전체의 친일행각을 비판한 뒤 , "우리에게도 부끄러운 과거가 있습니다" 고 밝혔다.

복음교회는 "우리 교단은 1935년 암울한 식민치하에서 '조선인 자신의 교회'를 높이 외치며 창립되어, 교단 차원에서 신사참배를 거부하고 모진 시절을 꿋꿋이 견디면서 민족교회로서의 사명을 담당하였다" 며, "그러나 일본의 강압적인 마수는 1942년에 이르러 초대감독 목사에게 무거운 죄책의 짐을 지게하고 말았습니다"고 말했다.

복음교회가 밝힌 이 초대감독 목사의 친일행각은 창씨를 개명하고 친일잡지에 친일논설을 기고하였으며, 젊은 교인들을 강제징용이라는 총알받이에서 빼내기 위해 초등학교 교재용으로 쓰인 모형 항공기 제작 공장을 차리게 했고, 총독부는 이를 군수품으로 인정하였다는 것 등이다.

특히 이 감독 목사는 친일잡지에 발표한 글에서 "선을 일본에 넘긴 것은 신이다. 그러므로 우리는 신을 섬기듯이 일본을 섬겨야 한다"고 주장했다. 나아가 그는 가장 사랑하는 것을 일본국에 바치도록 하나님께 명령받았다며, 징병에 참여할 것을 권했다.

"몰랐으니까… 해방이 될 줄 몰랐으니까"

영화 〈암살〉에서 민족을 배신한 '밀정' 염석진이 광복 후 신분을 세탁하고 고개를 뻣뻣이 들고 살아가다 독립운동가에게 둘러싸여

궁지에 몰리자 내뱉은 변명이다.

광복 60년이 지난 시점에서 이 복음교회의 사죄는 혹자는 당연하다고 말할 수도 있겠지만, 충격이었고 대단한 용기였고 한국의 모든 교회가 머리 숙여 깊이 성찰해야 할 순간이었다.

'조선장로호'라는 이름의 해군 함상 전투기, 조선예수교장로회 총회 임원들 신사참배, 한국 기독교 지도자들의 일본 나라 신궁 참배, 장로교회 헌금으로 만든 일본군 전투기 등등 일본강점기 시절 한국 개신교회 및 교회 지도자들이 친일 매국 사례는 차고 넘친다.

특히 교단 총회장과 지도급 인사였던 목사들이 전투기와 기관총 대금을 헌납하고 심지어 교회 종까지 떼어다가 바쳤으며, 십계명과 정면 배치되는 신사참배를 하면서 황국신민 사상을 전파하고, 기독 청년들을 전쟁에 내모는 등 적극적 친일행위를 했다.

이처럼 한국 개신교회가 친일행위를 이어가고 있는 와중에도 적지 않은 교회 목사 등 지도자들이 일제 침략과 신사참배, 창씨개명을 거부하다 옥고를 치르고 순교를 했다.

그러나 일제 침략에 맞서 신앙을 지키고 예수 정신에 충실하게 선교 활동을 한 목회자보다 일제 침략을 옹호하고, 민족 말살을 묵인하고 동조하고 부역한 교회 지도자들이 훨씬 많은 것이 역사적 사실이다.

한국교회의 독재 미화 및 찬양은 어떠했는가.

독재자 박정희가 부하의 총에 맞아 죽은 지 34주기가 되기 하루

전인 2013년 10월 25일 10여 개 교회 공동 주체로 서울의 한 교회에서 추모예배가 열렸다. 기독교계가 박정희 추모행사를 개최한 것인 처음이다.

추모예배에는 박정희를 찬양하는 발언이 쏟아졌다. 설교와 기도 추모사에 나선 목회자들은 하나같이 하나님이 박정희를 통해 대한민국에 축복을 내렸다고 강조한다. 심지어 이 자리에 참석한 한 목사는 박정희를 독재자라고 비판하는 사람들에게 "하나님도 무조건 순종하라며 독재했다. 우리나라도 독재해야 한다"고 말한다.

또 한 참석자는 일부 그릇된 사람들이 박정희의 딸 박근혜 대통령을 괴롭히고 있다고 말했다. 그는 못된 사람들의 방해를 이겨내고 박근혜 대통령이 큰일을 해낼 것이라고 했다.

이쯤 되면 이 기독교인들에게는 그들이 믿는 하나님 이외에 또 다른 박정희라는 신이 있는 게 아닐까. 박정희 딸 박근혜는 불행하게도 국정농단으로 탄핵이 돼 감옥에 갇힌 신세이다.

살인마 전두환이 5.18 민주화운동을 학살로 진압한 3개월 뒤 한국기독교 지도자들은 전두환을 위한 조찬기도회를 개최한다. 이때는 대통령 신분이 아니라 계엄사령관일 뿐인데도 실권을 잡을 것을 예상하고, 권력자의 개가 되는 순간이다. 어떻게 정의의 하나님을 믿는 기독교 지도자들이 학살자를 찬양하고, 그를 위해 기도하는가.

이날 한 참석자는 전두환을 위한 기도에서 "전두환 사령관을 통해 이 땅의 민주화가 실현되길 바란다"고 기도했다. 기독교 지도자가 민주화 운동을 무력으로 진압해 수많은 목숨을 앗아간 전두환을 통해 민주화가 이루어지길 바란다는 언어도단의 기도를 한 것이다. 어떤 이는 이를 두고 "권력의 개들이 미친 광란의 기도회를 하고 있다"고 분노했다.

시대를 건너뛰어 지금도 불법, 불의하고 부패한 수많은 한국의 교회들은 예수의 가치, 예수의 가르침, 특히 정의로운 하나님의 말씀을 외면하고 부패한 수구 세력과 공존하며 불의의 이익을 챙기는 과정에서 국민으로부터 혐오의 대상이 되고 있다. 적어도 사랑 그 자체인 하나님과 예수님은 이들 한국교회에는 존재하지 않을 것이다.

한국기독교를 대표하는 지도자들은 독재 시대에는 모든 권력은 하나님이 택한 것이니 순종해야 한다고 말하고, 자신들의 부패한 기득권이 위협받는 민주화 시대에는 불의한 권력자에 맞선 구약시대 사사들을 들먹이며, 권력에 맞서야 한다고 역설한다. 불의하고 부패한 권력자의 '개'였던 기독교의 지도자들이 이제는 불의에 맞서는 정의로운 투사가 된 양 기독교 신도들을 속이고 국민을 우롱하는 짓을 일삼는 것이다.

매주 토요일 광화문은 보수, 아니 극우 성향의 기도회와 진보 성향의 기도회가 시간과 장소를 달리해 열린다.

한쪽은 시작하면서부터 '문재인 간첩'을 외치며 문재인정부를 타도 대상으로 여긴다.

이 집회에, 십자가에 못박혀 죽음으로 인류를 구원한 예수가 있겠는가.

아니면, 평화협정 기도회를 열어, 70년 미국 종속으로부터 해방되고 우리 민족끼리 자주적인 평화의 기틀을 마련하길 원하는 집회에 예수가 있겠는가.

한국의 부패한 교회, 하나님의 말씀을 우롱하는 교회에는 예수가 없다. 다만 탐욕이 있을 뿐이다.

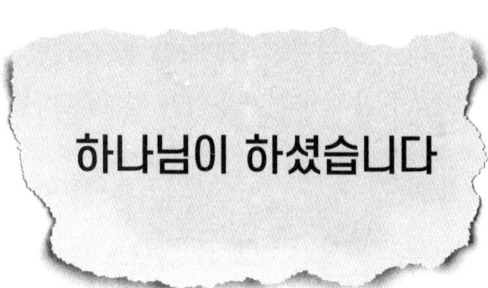
하나님이 하셨습니다

하나님을 믿는 나는, 예수를 나의 구주로 영접한 이후 단 한 번도 그의 신실하심을 의심하지 않았다.

나이 60을 넘긴 인생의 여정에서 나의 형편이 넉넉할 때나 궁핍할 때나, 때로는 외로울 때, 때로는 너무 힘들어 하루에도 몇 번씩 삶과 죽음을 교차하며 생각할 때도 천지 만물의 주인 되시고, 인류 역사의 주관자 되시는 나의 하나님을 단 한 번도 의심하지 않았다고 자부한다.

하나님을 믿는 이 믿음이 지금까지 나의 삶이었고, 어떤 불의와도 싸워 이길 수 있다는 신앙 자체였다.

내가 고등학교 때 뜻하지 않은 병을 얻어 병원에 입원한 적이 있는 데 그때 병문안 오신 목사님이 들려주신 성경말씀이 지금까지 나를 지탱해 주는 힘이 되고 있다.

"두려워하지 말라 내가 너와 함께 함이라 놀라지 말라 나는 네 하나님이 됨이라 내가 너를 굳세게 하리라 참으로 너를 도와주리라

참으로 나의 의로운 오른손으로 너를 붙들리라"(이사야 41장 10절)

이 말씀은 장차 이사야와 이스라엘에 닥쳐올 고난을 예고하신 하나님이 그 고난의 때에 이사야와 이스라엘을 지키겠다는 약속을 하신 구절이다.

두려워하지 말라는 것은 인간이 평생을 살면서 끝없이 고민해야 할 삶과 죽음에 대한 두려움을 근간으로 하는 것이리라.

그런데 내가 불의와 싸우면서 주목한 성경구절은 놀랍게도 이 말씀 다음 말씀에 있다.

"보라 네게 노하던 자들이 수치와 욕을 당할 것이요 너와 다투는 자들이 아무것도 아닌 것 같이 될 것이며 멸망할 것이라. 네가 찾아도 너와 싸우던 자들을 만나지 못할 것이요 너를 치는 자들은 아무것도 아닌 것 같고 허무한 것 같이 되리니 이는 나 여호와 너의 하나님이 네 오른손을 붙들고 네게 이르기를 두려워하지 말라 내가 너를 도우리라 할 것 임이니라"(이사야 41상 11~13절)

지난 10여 년 내가 불의, 불법한 개인 및 집단과 싸운 과정과 결과를 놓고 보면 하나님께서 이사야에게 주신 이 말씀이 내게 한 치의 오차도 없이 맞아떨어진 것 같아 두렵고 떨리기조차 하다.

나와 싸우던 그들, 나와 싸우던 그 불법, 불의한 자들.
그들 중 누구는 불법 사실이 드러나 교도소에 갇혔고, 누구는 자기 용량을 과대평가해 법이 자기 발아래 있는 양 설치다가, 끝내 닥쳐올 법의 심판을 감당키 어려운 듯 세상과 이별을 하기에 이르렀다.

"네가 찾아도 너와 싸우던 자들을 만나지 못할 것이요 너를 치는 자들은 아무것도 아닌 것 같고 허무하게 되리니…"

이 얼마나 두렵고 무섭고 떨리는 하나님 말씀인가.

이게 하나님의 정의이다.

정의의 하나님은 불의와 맞서 싸우는 당신의 자녀들을 외면하지 않는다는 것과 하나님의 명령인 정의에 편에 서지 않고 불의와 손잡고 사회적 약자, 상대적 약자를 괴롭히고 탄압하면, 그에 따른 무서운 벌이 반드시 따른다는 것을 동시에 말씀하신 것이리라. 아니 이 말씀은 오히려 경고에 가까운 말씀이리라.

2009년 1월 31일 회사로부터 대기 발령을 받았다.

대기 발령을 받은 이유는 지대 미수이다. 여기서 지대란 지방신문이 주재기자들에게 실제 구독자 수와는 상관없이 지역마다 실제 구독자 수보다 훨씬 많은 할당량을 정해주고 일방적으로 그 신문 값을 주재기자에게 부담 주는 것이다. 그런데 더 웃기는 것은 이 지대보다 회사로 부터 내가 받아야 할 돈이 더 많았다는 것이다.

1차 대기 발령이 끝나고 2년 후 2번째 대기발령을 받은 끝에 해고 당했다. 나를 대기발령하고 해고한 경인일보는 당시 사장이 송광석이었고, 그때나 지금이나 회장은 이길여이다.

그 당시 송광석 사장은 나의 중. 고등학교 선배이다. 나는 이 부분이 참을 수 없었고 분노할 수밖에 없었고 목숨 걸고 싸울 수밖에 없었다.

생각해 보라.

선배인 사장이 후배인 직원을 해고한다면, 사장에 대해서도 잘 모르고 후배인 나에 대해서도 잘 모르는 동문 및 지역의 지인들은 나를 어떻게 평하겠나.

"후배가 오죽 잘못했으면 선배인 사장이 해고했을까?"

나부터라도 이 같은 사례를 목격한다면, 이와 같은 평가를 한다는 것은 거의 일반화된 상식에 가까운 아주 당연한 것이리라.

이후로 4~5개의 고소. 고발과 민. 형사 등 지루한 법적공방을 거쳐 부당 대기발령, 부당해고 판정을 받아냈지만, 이 싸움으로 나에게는 엄청난 변화와 엄청난 시련, 고통과 고난이 동반 됐을 뿐 아니라 지금까지 그 후유증을 앓고 있다.

"지방언론이 개혁되지 않으면 나라가 망한다"는 소신으로 책을 내고, 피할 수 없는 이 싸움을 시작할 때 나를 아는 지인들, 특히 하나님을 믿는 같은 교회 사람들조차도 "계란으로 바위치기", "다윗과 골리앗 싸움"이라며 비관적으로 바라보았다.

그러나 정의의 하나님을 믿는 나는 이 싸움에서 진다는 생각을 단 한 번도 안 했고, 이때부터 오히려 더 냉정해졌고 차분해졌고 더 독해졌다.

사람이 지는 일은 있어도 하나님이 지는 일은 없다.

따라서 이 싸움은 내 싸움이 아니고 하나님께서 이끄시는 하나님의 싸움이기 때문에 질 수 없는 싸움이라는 확신이 있었다.

다만 나는 온 몸을 던져 그 위대하신 하나님의 정의를 투쟁과정과 승리라는 결과로 증명해 내야 한다는 절박하고 처절한 사명감을 잃지 않고 줄기차게 싸워나갔을 뿐이다.

10년이 걸리더라도, 아니 내 신변에 감당하기 어려운 일이 닥친다 하더라도 결코 이겨내리라는 투쟁심만 더욱더 불타올랐다.

나는 예수를 믿는다는 것은 하나님의 정의를 증명하는 것이라고 생각한다. 그것은 말이나 글로 하는 것보다 행동으로 보여주는 것이 하나님의 도를 전파하는데 훨씬 효과가 크다.

내가 출석하는 교회는 집에서 꽤 멀다.

그래서 가끔 집 근처 작은 교회에 가서 새벽기도를 드렸다.

그랬더니 그 개척교회 목사님과 인연이 되어, 목사님께서 아예 번호 키 비밀번호를 알려주시며 언제든지 교회에 와서 기도하라고 하신다.

그때부터 이 교회 목사님과 인연이 되어 지금까지 가족처럼 지내고, 나는 실제로 이 교회 성도와 다름없이 지내고 있다.

성전에 자리를 펴고 하나님께 부르짖기를 벌써 10여 년 세월이다.

이사야에게 약속했던 하나님이 지금도 그 약속이 유효하다고 하시며 나의 모든 기도에 응답하신 것이다.

이 목사님을 통해서 나는 "아 목사도 전도를 하는 구나!"를 처음 경험했다.

나는 어려서부터 목사가 직접 전도하는 것을 거의 보지 못했다.

전도는 거의 성도들의 몫이었고, 목사는 성도들이 전도한 사람들을 상대로 설교하는 게 전부인 것처럼 보였다.

그런데 이 목사님은 달랐다.

직접 전도지를 들고 동네를 돌며 예수를 전하고, 만나는 사람마다 신상을 파악하고 연락처를 메모해 매주 하나님의 말씀을 전달하며 전도를 한다.

우리 동네 공원이 그렇게 많은 사연이 있는 줄 이 목사님을 만나고 나서 알았다.

내가 시간이 날 때, 아니면 운동하기 위해 아침 시간 혹은 저녁 시간에 한가로이 찾던 그 공원이 영혼이 피폐해지고, 인생 끝났다고 절망감에 빠져 멍하니 공원 벤치를 지키는 외로운 사람들의 사연 사연이 있는 곳인 줄 몰랐다.

알콜중독자, 정신이상자 등 외로운 사람들이 찾는 곳이며, 그런 사람들을 상대로 이 목사님은 하나님의 나라를 소개하고, 말씀을 전하는 것이다.

그렇게 해서 이 교회는 목사님이 전도한 교인들로 차기 시작했다.

세상에서 소외됐다고 생각하는 사람들, 누구의 도움 없이 혼자서는 이 모진 세상을 살아갈 수 없는 사람들, 그들을 위해서 헌신하는 것이 진정한 목자의 모습이리라.

그들에게서 나는 나의 모습을 보았다.

내가 싸우는 불법, 불의한 자들이, 자신들이 가진 세상에 보이는 상대적으로 조금 우위에 있다고 생각하는 힘이 절대 권력인 줄 알고 나를 함부로 짓밟을 때, 그들이 생각하는 나는 마치 아무렇게나 대해도 저항하지 못하고 스러질 줄 알았으리라.

아니면, 그 불법, 불의한 자들은 나에게 굴복을 강요해 무릎을 꿇게 함으로써, 아니 살려달라고 애원하며 비굴한 모습을 보이게 함으로써 희열을 맛보고 싶었으리라.

어쩌면 그들의 모습이 한국사회를 이끌어가는 불의하고 불법을 일삼는 부패한 기득권층의 모습과 다를바 없는 모습 그대로가 아닌가.

기업을 성장시킨 실질적인 주역인 노동자를 천시하고, 노동조합을 동반자라고 생각하지 않고 적으로 생각하는 기업가, 똑같은 자리에서 똑같은 업무를 처리하면서도 비정규직이라는 이유로 관리자가 아닌 같은 동료인 정규직 직원으로부터도 차별받는 노동자.

나는 "정의가 이겨야 한다"는 신념을 갖고 있다. 특히 "하나님의 정의는 절대로 질 수도 없고, 져서도 안 된다"는 내게 목숨과도 바꿀 수 없는, 나의 정체성이기도 한, 지금까지 나를 지탱해 온 철학이다.

나를 아끼고 사랑하는 고등학교 선배이자 한때 같은 회사 동료였던 예수를 전혀 믿지 않는 한 선배가 내게 한 말이 있다.
"그 엄청난 불의, 불법한 세력에 단신으로 맞서 싸우고, 또 여러 싸움을 이길 수 있었던 것은 너의 신앙의 힘인 거 같다. 후배지만 존경을 금할 수 없다"
이는 그 선배가 나를 믿는다는 것 보다 하나님의 영원불변한 정의가 이긴다는 것을 인정한다는 의미 아닌가.

불의와 싸우는 사람은 언제나 외롭다. 나도 철저히 혼자였다.
죽을 만큼, 어쩌면 죽는 게 차라리 낫겠다 싶을 때가 한두 번이 아니었다.

이럴 때 누군가 내 옆에서 동행하며 나에게 보이지 않는, 그러나 강력한 힘이 되어 준다는 사실만으로도 죽지 않아야 한다는 각오를 한다.

내가 믿는 위대한 하나님에 대한 믿음이 없었다면 나는 이 고통스럽고 외로운 싸움을 못 했을 뿐 아니라 싸움을 시작했다고 해도 견디지 못하고 중도에 포기하고 목숨을 끊었을 수도 있다.

내가 그 불법, 불의한 세력에 비해 사회적 약자, 상대적 약자임에도 불구하고 모든 싸움을 이기게 하신 위대하신 하나님께 영광을 돌린다.

"하나님이 하셨습니다"

국민선동
가짜뉴스
조선일보
TV조선
조선일본
끝장내자
시민실천단
왜곡과 거짓의 100년
친일언론 朝鮮日報
민족분열, 갈등조장!
왜곡보도, 국민기만
민주노총
모든 노동자의
노조할 권리 쟁취하자!
민주노총
5인미만 사업장
차별 철폐하자!
조중동
폐간
시민실천단